华东师范大学中国婴幼儿教养研究院研发

幼儿园托班活动资源系列丛书

托班日常照护与家园共育方案

黄 瑾　张明红／主编

左志宏　张 红／副主编

华东师范大学出版社

·上海·

图书在版编目（CIP）数据

托班日常照护与家园共育方案/黄瑾,张明红主编;
左志宏,张红副主编. —上海:华东师范大学出版社,
2025. —ISBN 978 - 7 - 5760 - 6032 - 4

Ⅰ. G616

中国国家版本馆 CIP 数据核字第 202511R3S3 号

托班日常照护与家园共育方案

主　　编　黄　瑾　张明红
副 主 编　左志宏　张　红
责任编辑　胡瑞颖
责任校对　庄玉玲　时东明
装帧设计　冯逸珺

出版发行　华东师范大学出版社
社　　址　上海市中山北路 3663 号　邮编 200062
网　　址　www.ecnupress.com.cn
电　　话　021 - 60821666　行政传真 021 - 62572105
客服电话　021 - 62865537　门市(邮购)电话 021 - 62869887
地　　址　上海市中山北路 3663 号华东师范大学校内先锋路口
网　　店　http://hdsdcbs.tmall.com

印 刷 者　上海邦达彩色包装印务有限公司
开　　本　787 毫米×1092 毫米　1/16
印　　张　13
字　　数　200 千字
版　　次　2025 年 5 月第 1 版
印　　次　2025 年 5 月第 1 次
书　　号　ISBN 978 - 7 - 5760 - 6032 - 4
定　　价　58.00 元

出 版 人　王　焰

(如发现本版图书有印订质量问题,请寄回本社客服中心调换或电话 021 - 62865537 联系)

主编前言

脑科学、儿科医学、心理学和教育学等大量学科相关研究已经充分表明，0—3 岁是儿童个体身心发展的关键时期，0—3 岁早期教养也是学前教育的重要组成部分，科学优质的照护与教养对儿童个体的可持续发展具有积极的意义和价值。近年来，党中央和国家高度重视婴幼儿早期照护和教养事业发展，党的十八大报告明确提出了"办好学前教育"，党的十九大报告要求"在幼有所育上取得新进展"。2019 年，国务院办公厅印发《关于促进 3 岁以下婴幼儿照护服务发展的指导意见》，明确了促进婴幼儿照护服务的总体要求、主要任务、保障措施和组织实施。作为一份纲领性的重要文件，它为新时期推进 0—3 岁早期托育服务体系建设，提升 0—3 岁早期照护和教养质量，满足人民群众日益增长的多元化服务需求，补齐民生短板指明了方向、确立了准则、规范了要求。

当前，加快建设高质量教育体系已成为教育现代化发展的重要时代命题，学前教育作为国民教育的起点、基础教育的开端，高质量发展的重要任务之一是构建和推进我国学前教育的普惠、优质和均衡发展。近年来我国人口发展呈现出的重大转折性变化，面对人口总量增长速度明显减缓，人口红利也随之减弱的大背景，如何应对新形势、新任务、新挑战，如何提升早期托育服务质量，构建托幼一体化的早期教育公共服务体系是新时期学前教育事业发展的重要议题。为了更好地贯彻落实中共中央 国务院颁发的《关于优化生育政策促进人口长期均衡发展的决定》《关于学前教育深化改革规范发展的若干意见》、国务院办公厅颁发的《关于促进 3 岁以下婴幼儿照护服务发展的指导意见》等文件的要求，为了更好地促进婴幼儿身心发展，努力实现"幼有所育、幼有优育"的目标，我们迫切需要强有力的专业引领和资源支持。

华东师范大学中国婴幼儿教养研究院（以下简称"研究院"）是依托华东师范大学学前教育专业力量，整合校外专家资源协同共建的校级科研平台，自 2023 年初成立以来，在华东师范大学"卓越育人、卓越学术、卓越服务"发展理念的指引下，始终专注于0—6岁儿童早期发展研究、专业咨询服务与资源开发，本套丛书就是研究院专家团队联合早期教养实践领域力量，共同基于课题项目研究，所开发的一套适合为2—3岁幼儿提供高质量教养方案和实践活动的资源。希望这一套资源能够为我国不同地区早期教养服务机构（包括幼儿园托班、早教机构等）提供更专业化、科学性的方案指引和行动参考。

一、本资源编制的理念与思路

本系列丛书的编写以脑科学、儿科学和心理学等学科的最新研究为依据，以0—3岁婴幼儿早期身心发展规律与特点为指引，以婴幼儿早期健康发展、良好行为习惯培育养成以及积蓄未来可持续发展的品质素养为目标，通过呈现一日生活中的环境创设、材料使用、活动设计、师幼互动、生活照护、家园共育等，为早期托育服务机构提供聚焦2—3岁婴幼儿早期动作、情感、认知、语言、个性、社会性等方面协调发展、综合发展的整体性、专业化教养方案和支持性资源。

1. 关注生活和游戏

0—3岁婴幼儿的发展与其生活和游戏具有密不可分的关系，生活和游戏为婴幼儿的早期发展提供了充分且适宜的环境与条件。早期教育机构中的保育教育应坚持以游戏为基本活动；在生活化、游戏化的场景和活动氛围中，在激发婴幼儿与环境中的人、事、物充分互动的过程中，婴幼儿通过自发而主动的探究，在感官体验、语言交流、行为参与中感知和探索周围世界，并获得一定的经验和能力发展。这正是本丛书所遵循的基本理念和原则。

2. 关注关系和回应

0—3岁是生命的起点，对于这一稚嫩而柔软的群体来说，他们更需要特别的呵护和关爱。当孩子离开家庭，进入人生第一所学校——早期教育机构时，使他们拥有一个安全、温暖和关爱的环境是至关重要的。本丛书以建立安全温馨的关系和积极回应的照护与养育关系为基本原则，在环境创设、活动设计和师幼互动中，倡导教师以关系为基础，注重婴幼儿情感和个性需求，通过建立积极的支持性关系，让婴幼儿感觉安全、被重视、被爱、被欣赏；同时，在提供给教师的方案和支持策略、教养支招中，呼吁并引导其他家庭教养人也建立良好的支持性关系和回应性照护行为。

3. 关注个别和差异

儿童是独立而富有生命个体特征的人，每个儿童都有其自身的发展特点和成长节奏。对于 0—3 岁这一阶段而言，个体之间的差异性往往会表现在动作发展、开口交流、生活自理习惯、个性与交往等诸多方面。承认差异、看见差异、利用差异是作为早期教养者应建立的专业态度和立场，虽然婴幼儿的早期发展有其一般性和共性的规律，但亦有其个性和差异性的表现。因此，学习与发展需要顺应共性和个性协调发展的特点。本丛书遵从这一原则与思路，在环境创设、活动设计、生活照护、家园共育等方面所展现的案例中均可以看到不同个性儿童的表现以及相应科学养育和照护中的回应性、针对性策略。

4. 关注发展和可持续

儿童发展是一个连续、长期和渐进的过程，0—3 岁作为生命发展的起始阶段，重在奠基和蓄能。对于 2—3 岁早期科学教养实践来说，需要聚焦儿童的发展，更需要关注发展的可持续性，体现长程和对后续发展的储备。本丛书的编写也遵循了这一理念和基本原则：首先，关注婴幼儿当下发展的过程性体验，不急于求成、不包办代替、不苛责限制、不揠苗助长。其次，重点聚焦婴幼儿行为习惯、积极倾向、自理能力、情感态度萌发和培育的重要价值，培养婴幼儿积极的情绪情感、良好的行为和生活习惯、相互依赖和共存的人际关系远比知识技能的学习及获得更为重要且有意义。

二、本资源的主要内容

本系列丛书共分为三个分册：《托班环境创设与共同活动方案》《托班日常照护与家园共育方案》《托班教养困惑与实用支招》，三本书围绕托幼机构一日生活情境，聚焦 2—3 岁婴幼儿身体、认知、情感、个性、社会性领域的学习与发展，提供游戏化、生活化的环境创设和活动设计方案，保教结合的科学照护，以及结合婴幼儿个体发展特点的教养问题支招与家园共育策略。

《托班环境创设与共同活动》分为环境创设和共同活动两个部分，上下两个学期共提供 50 个活动案例，案例呈现的顺序依循 2—3 岁婴幼儿身心发展特点。其中，"环境创设"包括创设托幼机构一日生活涉及到的各类环境：游戏环境、生活环境、户外环境、运动环境等，聚焦婴幼儿学习与发展的不同领域，具体体现为游戏创设和材料提供；"共同活动"指向 2—3 岁婴幼儿动作、语言、认知、情感、个性、社会性等发展目标，结合环境创设时所提供的游戏化材料，展现由教师组织引导实施的活动方案。两部分内容相互贯通、整合和互补。

《托班日常照护与家园共育》聚焦一日生活中生活背景下的保育和照护，重点体现对 2—3 岁婴幼儿良好生活习惯、自理能力的培养。具体分为"一日生活环境中的日常照护"和"日常照护的家园共育"两部分。前者聚焦一日生活环境和游戏环境中指向生活照料及科学保育的环境创设、材料提供与互动的融合，后者聚焦体现家园共育、协同合作的科学保育支持策略，从对这一年龄段婴幼儿日常行为表现的描述和分析入手，为培养他们吃饭、睡觉、如厕、生活自理能力等方面的良好习惯和发展提供实践方案。

《托班教养困惑与实用支招》针对 2—3 岁婴幼儿个体身心发展中的典型性问题，从科学教养、保教结合的角度进行问答式的回应。本书聚焦 2—3 岁婴幼儿的身体动作、语言表达、情绪情感、认知行为、个性特征等发展领域方面的 48 个问题，从行为表现的具体描述入手，结合成因分析，提供育儿支招。

三、本资源的特点

1. 基于行动研究的实践成果

本丛书基于将近两年时间的行动研究，由华东师范大学学前教育领域专家团队和十多名特级教师、特级园长、正高级教师、教研员共同参与组成项目研究组，在常态且持续的现场活动交流、教研磨课指导和反思修改调整"精雕细琢"后，形成了系统性的活动方案，是经过了多次"临床指导"和实践现场反复验证的，具有扎实的研究基础，具备真实性和可迁移性。

2. 基于沉浸式体验的游戏化情境

活动内容的设计和编排充分体现了游戏化场景的创设和给婴幼儿提供游戏化角色体验的定位与特点。无论是一日生活中多元化的环境创设以及与环境生成有机链接的共同活动，还是关注保教并重和双向融合的一日生活科学养育，活动内容在编排和组织实施层面充分体现了处于学龄前阶段的幼儿体验式学习的特性，让婴幼儿在环境的浸润、材料的感知、人际的互动中尽情体验。

3. 基于真实案例的回应性支持

虽然三册书的定位各有不同的侧重，但在方案设计和内容编排中都考虑到了实用性，在整体架构上均突出体现了为实践层面提供专业性和回应性支持方案与策略的特点。本丛书中所呈现的案例均来自真实的实践场景，差异化的案例和情境中的问题均体现了对2—3岁婴幼儿的发展与科学教养的关注。

四、本资源的使用说明与建议

1. 专业性、指导性

本丛书旨在为幼儿园托班和早教机构提供包含环境创设、一日活动保教融合、有效互动支持、家园共育等方面的科学、优质的活动方案与范例，为了更好地突出专业性，在活动的编写和呈现中力求将方案设计背后的思考点、启发点表达出来。如在《托班环境创设与共同活动》一书中，环境创设方案不仅呈现了创设的目的、材料、玩法，还特别增加了"观察和分析"，意在提示教师注重如何通过观察更好地让幼儿在环境中积极互动；共同活动方案除了含有活动目标、活动准备、活动过程之外，还特别强调了"设计思路"和"活动反思"，意在帮助教师思考方案设计的价值以及执行中的重难点，让教师们不仅能"知其然"，更能"知其所以然"。《托班教养困惑与实用支招》一书中，呈现的案例除了描述特定情境中的幼儿个案行为表现，还通过"行为分析"的阐述来引出"育儿支招"等。如此种种的设计和内容呈现，是希望使用本丛书的教师们不仅要做一位忠实的执行者，更要带着对已有方案的思考"且做且思",这样才能更好地发挥本丛书专业性、指导性的作用和价值。

2. 选择性、变通性

本丛书的编撰遵循实用性和可操作性,希望可以为广大教师提供可参照使用的活动范例。虽然编排时并没有直接按照年龄和主题的脉络来呈现内容,但活动设计遵循了该年龄段婴幼儿发展的基本规律和一般特点,同时也考虑了同龄婴幼儿之间的个体差异性。因此,教师们在运用本资源的过程中,并不需要完全按照书中列出的所有活动的顺序来执行,而是可以根据自身班级的实际情况、婴幼儿基础以及园所资源情况,宽泛性、有针对性、在地化地加以使用或选取部分并调整,如结合幼儿园已有的课程资源和地域资源,对相近素材或环境做灵活适宜的调整和变通,从而更好地发挥本丛书的灵活性、变通性。

3. 生成性、反思性

随着学前教育改革和发展的不断推进,我们越来越意识到教育实践是随着教师的专业能力和实践智慧提升而螺旋式向上发展的过程,成为"研究型教师"、进行"反思性实践"正是我们当下追求的方向,早期科学教养亦是如此。因此,我们希望教师和园所在使用本丛书的过程中,本着一边实践一边反思、一边研究一边行动的原则,教研同行,协作共构,以本丛书为载体,通过园内、园际间的交流对话,助力教师专业成长。

本丛书是项目研究组集体合作和共同努力的结晶。特别感谢华东师范大学左志宏老师、上海市黄浦区教师教育学院张红老师协助主编并共同完成组建研究组、指导项目实施、修改完善方案等具体工作;感谢全程参与行动研究过程的上海市黄浦区荷花池幼儿园、上海市徐汇区乌鲁木齐南路幼儿园、上海市黄浦区奥林幼儿园、上海市闵行区莘庄幼儿园、上海市浦东新区浦南幼儿园、上海市虹口区实验幼儿园、上海市浦东新区东方幼儿园、上海市黄浦区早期教育指导中心、上海市普陀区早期教育指导中心、上海市杨浦区早期教育指导中心,感谢园长们无私地将本单位多年研究的心得分享呈现给更多的同行,感谢你们为本研究项目实施所提供的全方位支持,感谢园所的教师们放弃休息和节假日按时修改与完善活动设计方案；同时，也特别感谢上海市宝山区陈伯吹实验幼儿园、上海市宝山区青苹果幼儿园、华东师范大学附属幼儿园、上海市杨浦区明园村幼儿园、浙江省杭州市滨江区春波南苑幼儿园、浙江省杭州市滨江区晓风印月幼儿园、浙江省杭州市西湖区文苑幼儿园、浙江省杭州市滨江区滨兴幼儿园、浙江省杭州市滨江区钱塘帝景幼儿园、浙江省舟山市新城幼儿园教育集团、浙江省舟山市定海区舟山幼儿园等为本丛书提供活动案例；感谢华东师范大学在读研究生潘奕冰、梁蜜、廖津平等为资料搜集和书稿整理所做出的努力；还要感谢华东师范大学出版社编辑团队为本书顺利出版所提供的专业而高效的服务！

　　我国的托育服务事业正在快速发展，高质量的托育服务期待高质量的教师和专业机构。我们深知本丛书的编撰中仍有不少疏漏和不足，实践中的探索和融合研究还在持续进行中……我们将继续聚焦托育这一主题进行深耕，向专业学习、向实践学习，期待未来可以和专业同道们有更多的互动和交流。

黄瑾　张明红

2024 年 8 月

目
录

环境篇

一日生活环境中的日常照护

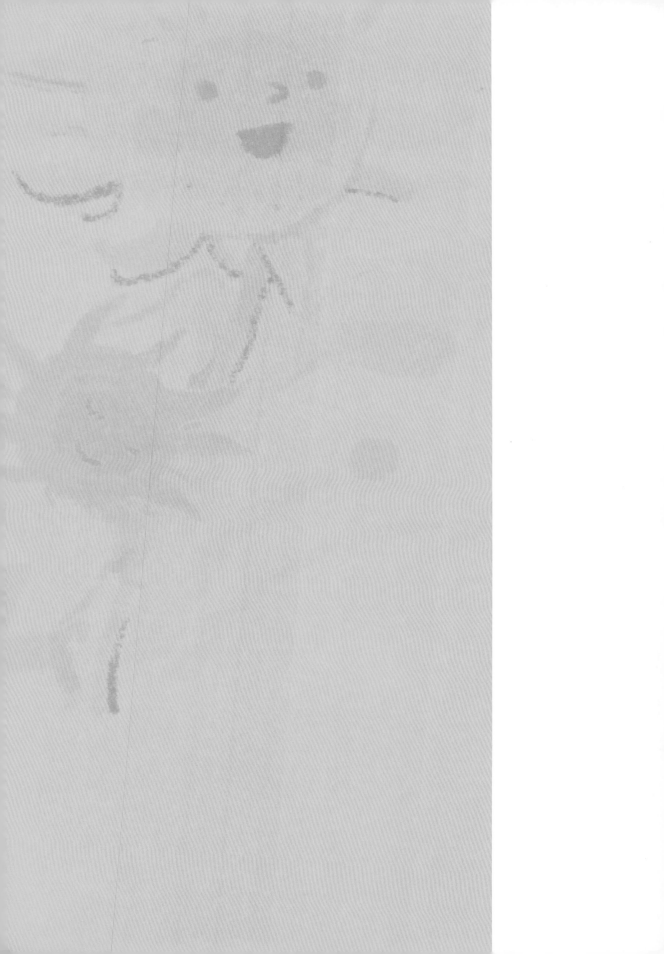

日常环境创设与照护

来、离园环境创设和观察与照护

来园活动作为一日生活开端，在良好生活习惯培养、心理健康与情绪调适等方面发挥着引领作用。

离园活动虽是幼儿园一日生活的终结环节，但综合过渡性、延续性、反馈性和发展性，其承前启后的功能不可忽视，体现了教育全过程的连贯性。

📝 一、日常来、离园环境创设

（一）日常来园环境创设

1. 群体日常来园环境创设

（1）萌宝小天地：感觉统合训练器械

"转呀转"西瓜陀螺　　　　　　　　抓住了，长颈鹿

走一走，鳄鱼桥

爬呀爬

彩虹桥

步步高

乌龟攀爬

爬爬乐

我要穿过去

一起玩滑梯

滑梯大耳象　　　　　　　　　　　　翻越小河马

（2）身体顶呱呱：晨检推车、智能晨检机器人、发箍、晨检服装

晨检环境　　　　　　　　　　　　　晨检机器人

（3）今天"幼"见你：幼儿卡通人偶、可操作的积木若干

签到积木墙　　　　　　　　　　　　幼儿卡通人偶

（4）每天好心情：开心瓶、幼儿卡通形象

（5）来园我最棒：表格、记录印章

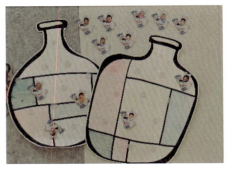

开心瓶

"来园我最棒"图片

（6）"滴滴"消防员：消防玩具车、消防马甲

消防马甲

双道滑梯

2. 个体日常来园环境创设

（1）为不愿洗手的幼儿创设"洗手真有趣"互动环境

玩水工具

清洁工具

（2）为来园情绪不佳的幼儿创设"爱心加油站"

爱心加油站

（二）日常离园环境创设

1. 群体日常离园环境创设

（1）小鞋踩一踩：不同大小的脚印、小椅子、提示板、镜子

脚印

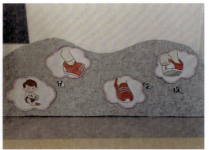

提示板

（2）宝贝明天见：洞洞板、可粘贴照片的转轮

洞洞板

可粘贴照片的转轮

（3）美食我最爱：食物冰箱贴、磁力板

磁力板   食物冰箱贴

（4）我和好朋友们："我"照片墙

"我"照片墙

2. 个体日常离园环境创设

（1）为家长较晚来接的幼儿创设"宝贝等一等"温馨角落

温馨角落全景   沙发

可录音的机器猫头鹰　　　　　"妈妈什么时候来接我"提示板

小书架　　　　　　　　　　　绘本

（2）为离园时需要与老师沟通的家长创设家校"慧"沟通走廊

沟通走廊全景　　　　　　　　成长档案

📍 二、日常来离园活动的观察与照护

（一）日常来园活动的观察与照护

1. 群体日常来园活动的观察与照护

（1）营造温馨可爱的晨检环境

保健老师扮作幼儿喜闻乐见的卡通形象进行晨检，并让幼儿扮演小医生参与其中，消

除幼儿对晨检的抗拒，配合晨检机器人辅助智能化晨检，激发幼儿主动配合晨检。

保健老师装扮成卡通形象给幼儿晨检   幼儿扮演小医生晨检

晨检机器人给幼儿晨检

（2）创设签到积木墙，提供多样材料，支持幼儿个性化表达

教师通过观察幼儿来园时的各种行为与情绪表现，通过"来园我最棒"表格记录幼儿的来园表现。

幼儿找到自己的人偶   选择喜欢的地方进行签到

选择喜欢的地方进行签到

给幼儿发放表格

（3）创设萌趣空间，给予幼儿安全感

在哈哈镜上指认五官

钻爬洞洞滑梯

和好朋友一起玩滑梯

耳朵贴一贴

穿越高低架

走一走独木桥

转转小陀螺

钻一钻彩虹桥

翻越彩虹桥

爬一爬旋转滑梯

跨越小河马

抓握单杠

2. 个体日常来园活动的观察与照护

（1）对于情绪波动大的幼儿，顺应情感需求，创设秘密帐篷与互动游戏，帮助建立信赖感和健康的情绪管理机制。

和兔宝宝说说心里话

"早上好呀，小云朵"

（2）以寓教于乐的方式，让不愿意洗手的幼儿养成良好卫生习惯

选择工具

喂"河马"喝水

灌满小水壶

送工具回家

玩水后，擦干手

清理地面水渍

（二）日常离园活动的观察与照护

1. 群体日常离园活动的观察与照护

（1）提供可自查仪容仪表的镜子等设施

踩一踩小脚印，检查鞋子是否穿对　　　照一照小镜子，检查衣服是否穿好

（2）可互动并能延续的走廊环境"宝贝明天见""明天吃什么?"

拔下自己的照片　　　　　　　　离园时把照片送回家

和同伴一起离园　　　　　　　选择一起离园的好朋友

选一选明天想吃什么　　　　　　　　　　和老师说一说自己的想法

2. 个体日常离园活动的观察与照护

（1）对于家长较晚来接的幼儿，创设"宝贝等一等"的环境，满足幼儿情绪需求。借助电子信息技术，呈现家长的安抚录音，并借助绘本、沙发等营造温馨的环境。

在等待时阅读绘本　　　　　　　　　　听家长的录音，和机器猫头鹰对话

（2）离园时想与教师交流的家长可以在温馨谈话区沟通、参观

教师与家长在离园时以"成长档案"为媒介沟通幼儿一日在园情况；创设"我"照片墙，供家长与幼儿交流当日和好朋友互动的情况。

老师介绍幼儿在园情况

幼儿说一说今天做了什么

找一找今天一起玩的好朋友

和妈妈说一说今天发生的趣事

上海市闵行区莘庄幼儿园　朱筱箐、陆婷（摄影）

如厕环境创设和观察与照护

托班幼儿的盥洗活动，如如厕、洗手、擦汗等环节，能培养幼儿良好卫生习惯和自理能力，促进幼儿的身体发育与健康。童趣可爱、温馨舒适、安全方便的盥洗室环境能激发幼儿尝试自我服务的兴趣。对于幼儿的个体差异，教师应提供不同种类的支持材料，以满足个体发展需求。教师通过有效观察、识别以及回应，教养融合，在日常照护中帮助幼儿获得全面发展。

一、日常盥洗室环境的创设

1. 群体日常盥洗室环境的创设

（1）根据托班幼儿的生理需求，创设温馨舒适的家庭式环境。如，方便托班幼儿使用的清洁区，配备尿布台等设备；小储物柜或者置物架，供托班幼儿存放纸尿裤和换洗衣物；数量充足、高低适宜的洗手台和小便器；在墙面上贴挂全身镜，引发幼儿的自我照料行为。

"盥洗小站"全景

尿布更换台
便于幼儿使用的清洁区

卡通全身镜   照镜子识五官

湿纸巾收纳架   尿布收纳软袋   干纸巾收纳软袋

（2）满足托班幼儿的心理需求，提供童趣、安全、方便的支持材料。如卡通动物水龙头延伸器、可爱的便便玩偶、马桶和小便池上的卡通小花和小汽车图案等，在盥洗室的墙上张贴洗手、擦汗提示等，打造温馨舒适的环境。

卡通水龙头延伸器   转转方向盘，给小花浇水，冲小便池

毛巾投放筐　　　　　　擦汗方法提示图

2. 个体日常盥洗室环境的创设

（1）根据幼儿手部精细动作的不同发展水平，提供不同类型的洗手液供幼儿选择，如智能感应洗手液、能挤出小花状泡沫的洗手液，让幼儿在洗手的同时，发展手眼协调性。对于身高存在差异的幼儿，提供适宜幼儿如厕高度的踩脚凳。

圆圈洗手台　　　　小花按压洗手液　　　小浣熊按压洗手液　　　智能触控洗手液

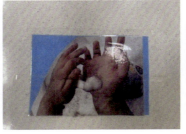

不同类型洗手液的使用方法图示

结合洗手儿歌，张贴简易洗手步骤图

适宜幼儿高度的卡通踩脚凳

（2）在盥洗室中创设私密区，为幼儿提供更换衣物、尿布的私密空间。分隔男宝宝和女宝宝的如厕区域，并创设男宝宝和女宝宝的直观形象如厕步骤提示，帮助幼儿发展性别意识，便于幼儿观察模仿，养成良好的生活习惯。

男宝宝如厕方法图   更换衣物、尿布的私密空间   女宝宝如厕方法图

📍 二、日常盥洗活动的观察与照护

1. 群体日常盥洗活动的观察与照护

（1）师幼共建"盥洗小站"

"盥洗小站"充分考虑了托班幼儿的年龄特点、心理需求、生活经验及兴趣点，在师幼互动的过程中，实现环境创设的共建，既富有教育意义又充满趣味性。首先，深入了解托班幼儿的日常生活习惯，包括洗手、擦汗、如厕等实际生活经验，设计与盥洗相关的各种活动和游戏，让幼儿在玩耍中自然而然地学习和掌握盥洗技能。其次，关注幼儿的兴趣点，与其共同讨论制定规则，同时将他们喜爱的元素融入环境中，提升其参与的意愿和兴趣。制作盥洗观察表，持续性地跟进反馈，帮助幼儿养成规律、良好的盥洗习惯。最终，"盥洗小站"不仅成了幼儿喜爱的游戏区域，更成为了促进他们身心发展的教育场所。在这里，幼儿不仅能够学会基本的盥洗技能，还能够培养良好的卫生习惯、社交能力等。

家园共育，掌握马桶使用方法

马桶小玩具

（2）创设温馨适宜的支架式环境

教师可带领幼儿一起欣赏盥洗室的趣味环境，激发幼儿如厕的兴趣。

① 从多感官体验出发，让如厕更有趣

便池水龙头变成可爱的"方向盘"，用手转一转就能顺利冲水；马桶盖上贴有不同的卡通动物图；安装可爱有趣的安全镜，提升幼儿自我照顾的意愿。

② 运用儿歌童谣的形式，熟悉如厕流程

在幼儿如厕的过程中，教师勤于观察，给予幼儿肯定与鼓励，如运用自动感应器提前录制音频并播放，让幼儿在欢快的儿歌声中增强对如厕的兴趣。

③ 师幼共同制定规则，保障盥洗安全

教师和幼儿们共同讨论如厕规则，制作提示小脚印等标记，帮助幼儿习得盥洗礼仪。同时创设如洗手、擦汗提示牌等，提醒幼儿如厕、盥洗的步骤。

④ 采取积极正向的反馈，提升盥洗意愿

教师及时表扬和鼓励，激发幼儿积极参与的动力。在如厕、盥洗结束后，教师可以组织幼儿进行集体讨论，分享自己的经验和感受。

转一转方向盘，顺利冲水

马桶按压协助按钮

老师协助拉袖子

按一下呼叫铃，老师来帮忙

2. 个体日常盥洗活动的观察与照护

（1）了解幼儿盥洗现状

教师应观察幼儿能否认识到盥洗的重要性，养成基本的盥洗习惯，如如厕、洗手、擦汗等；能够按照步骤自主完成盥洗，方法基本正确；注意幼儿在盥洗过程中是否容易被其他事物吸引而分心，是否能够保持对盥洗活动的专注；是否能够自觉遵守盥洗环境的礼仪。教师结合以上要点对幼儿个体的实际能力发展水平进行分析，有针对性地给予引导和鼓励，激发幼儿个体的主动与自觉。

（2）提升幼儿盥洗意愿

相较其他年龄段而言，托班幼儿自主盥洗处于初步阶段。因此，教师需要充分考虑2—3岁幼儿的年龄特点，基于个体差异提供适宜的材料进行支持。

考虑到一些幼儿还穿着尿不湿，教师创设了私密区、尿布柜、卡通圆凳，方便幼儿自主尝试换尿布；同时制作观察记录表，便于教师观察、判断幼儿的大小便规律，帮助幼儿后续戒尿布。

可在坐便器处安装踩脚凳，方便个子小的幼儿如厕。坐便器一侧安装高度适宜、音量合适的拍拍灯与按铃，让如厕过程更有趣，缓解幼儿的如厕焦虑。

可在盥洗室出口放置小玩偶，以"好朋友"的身份鼓励幼儿自我检查是否洗手、涂抹洗手液、擦手、擦汗等。

小熊看我擦汗

上海市徐汇区乌鲁木齐南路幼儿园　韩梦羽、万俊

洗手环境创设和观察与照护

2—3 岁幼儿的自我意识逐渐萌芽，同时处于秩序敏感期。通过教师的陪伴和指导，让幼儿参与洗手的生活环节，顺应幼儿自我意识发展和秩序敏感期的需要。通过优化洗手区域的布局、营造温馨舒适的洗手氛围、提供有趣多样的洗手设备，帮幼儿增强自助能力、提高自我效能感。

一、日常洗手环境创设

1. 群体日常洗手环境创设

（1）"萌宝哗啦啦"空间布局

"萌宝哗啦啦"全景   　　　　　"哗啦啦"小象洗手池

（2）"小手洗白白"互动墙

"洗一洗"互动板   　　　"洗手歌"大转盘   　　　"哗啦啦"自制洗手书

（3）AI+智慧洗手设备

AI洗手机器人
语音提示，可设定儿童洗手液用量，丰富洗手体验

自动给皂机
简化洗手步骤

"拉袖袖"呼叫铃
小兔玩偶和按铃提醒幼儿洗手前卷起袖子或者呼叫老师帮忙

"小乌龟"洗手歌播放器
按一按，播放有趣的洗手儿歌

距离提示铃
幼儿身体靠近会发出音乐声，提醒幼儿不要紧贴池壁，防止弄湿衣服

广角镜
便于教师观察全局，关注幼儿洗手环节的安全

2. 个体日常洗手环境创设

（1）"香香守护站"守护敏感幼儿

小手"香"伴：小兔沙发、幼儿自带护
手霜

守护小熊：紫外线消毒
机，给洗手玩具消毒

守护电视台：电子屏，播放洗手
宣传短片
守护提示栏：贴有当日需特别关
注的幼儿照片

（2）洗手便捷设备，满足不同幼儿洗手需求

卡通水龙头延伸器　　　　　　　洗手踩脚凳

📍 二、日常洗手活动的观察与照护

1. 群体日常洗手活动的观察与照护

（1）各种洗手用品，丰富幼儿洗手体验

通过不同的按压和操作方式，锻炼幼儿手部肌肉的控制能力；借助嗅觉、触觉、视觉

等多元体验，幼儿感知不同的洗手用品，提高主动洗手的兴趣。

变色洗手液、儿童洗手卡通香皂

自动感应洗手机与按压洗手液

花朵洗手液

压一压，好看又好玩　　按一按，锻炼手部肌肉

看一看
粉色的泡泡

搓一搓
泡泡变白啦

（2）各种擦手用品，丰富幼儿的生活经验

引导幼儿亲身体验，用触觉感知、视觉发现等方式探索不同材质擦手用品的触感和吸水性。在日常洗手环节，逐步积累生活经验。

各种擦手用品：毛巾、纸巾、棉柔巾、
手口湿巾、迷你垃圾桶等

用厚厚软软的小毛巾擦一擦

比一比
薄薄的纸巾、棉柔巾、手口湿巾

捏一捏、丢一丢
帮助幼儿锻炼手部肌肉，养成整理习惯

（3）提供台面清洁工具，培养幼儿的劳动意识和自助能力

洗手弄湿台面时，鼓励幼儿可以用小动物形状的海绵和小刷子等工具擦干净台面。

台面清洁工具：小马海绵、小刷子

（4）提供互动材料，引导幼儿通过动手操作学习、熟悉洗手环节

"洗手歌"大转盘：借助完整的洗手步骤图，引导幼儿观察洗手步骤（箭头指向每阶段重点关注的洗手环节）

转一转、看一看、做一做

"洗一洗"互动板：看一看、贴一贴，了解什么时候要洗手

"小手脏脏"情景图片

（5）开展洗手游戏"脏脏冲一冲"，帮助幼儿了解洗手的作用

活动材料：手套、洗手液、海绵、记号笔、水

在手套上画一画脏东西

看一看、说一说：小手脏了怎么办？　洗一洗：一起用洗手液和海绵帮助小手洗掉脏东西

2. 个体日常洗手活动的观察与照护

（1）为小月龄或者身高不够的幼儿提供水龙头延伸器、踩脚凳

小手不用使劲伸长了　　　　　借助踩脚凳洗手

（2）鼓励手部皮肤敏感或缺乏安全感的幼儿带上自己的擦手巾或者护手霜来园

用擦手巾擦干净小手　　　　　闻一闻、涂一涂护手霜

（3）对于常常忘记使用洗手液或香皂的幼儿，通过洗手实验帮助他们感受洗手液的作用

材料：清水、小手图片、洗手液、胡椒粉（模拟细菌）、棉签

画一画：宝宝的小手长这样

撒一撒：清水里发现细菌啦

沾一沾：棉签沾上洗手液

放一放：洗手液宝宝来帮忙

看一看，细菌走开啦，小手露出了笑脸

（4）对于比较抗拒洗手的幼儿，模拟洗手游戏，帮助他们熟悉洗手步骤

洗手池、洗手液、小动物玩具　　　　　　洗一洗、擦一擦，小动物也要洗干净

上海市闵行区莘庄幼儿园　卢亚、陆婷、王华溢（摄影）

进餐环境创设和观察与照护

以安全健康、保教并重、情感优先、尊重差异的教养理念，在幼儿园内巧用空间，打破功能界限，创设温馨、富有童趣的餐厅，支持、鼓励托班幼儿养成良好的进餐情绪与能力。

一、日常进餐环境创设

1. 群体日常进餐环境的创设

通过创设温馨、舒适的进餐环境，提供适宜的餐桌椅、进餐用具、保育护理用品等，支持并耐心鼓励托班幼儿独立进餐。其中，在餐具的选择上，"双耳"水杯便于幼儿抓握得更稳；硅胶吸盘餐具，既耐高温又不易摔碎，且能在幼儿进餐时吸住桌面减少打翻的次数，可帮助幼儿更自主地进餐。

旋转木马餐厅环境

硅胶吸盘餐具

双耳杯

2. 个体日常进餐环境的创设

互动式场景提升进餐环境的乐趣，引导幼儿在稳定、愉悦的情绪下进餐。

萌宠乐园：提供发声毛绒玩具、电子宠物若干。当幼儿进餐时或进餐后，可以与"宠物"互动。

洞洞休息吧：进餐结束后幼儿可以与同伴在洞洞休息吧玩餐后游戏。

"啊呜啊呜"我爱吃饭互动墙：墙面设有自制大嘴巴娃娃、各种毛毡"食物"。幼儿进餐结束后可以继续喂大嘴巴娃娃吃饭。

二、日常进餐活动的观察与照护

1. 群体日常进餐活动的观察与照护

可以鼓励幼儿自主进餐，培养独立性和自我服务能力。同时，教师在一旁观察，及时给予指导和帮助。

2. 个体日常进餐活动的观察与照护

（1）针对自主进餐能力较弱的幼儿，了解其近期进餐情况，细化协助喂养步骤，帮助幼儿逐步掌握进餐技能。

（2）关注进餐中情绪不稳定的幼儿，尝试用具有感染力的语言稳定其情绪，利用食物的色香味直接刺激幼儿的生理感官，提高幼儿进餐时的食欲与安全感。

（3）通过主题式小场景的创设，可缓解幼儿进餐时的负面情绪。

上海市黄浦区荷花池幼儿园　徐嘉

整理环境创设和观察与照护

2—3 岁是幼儿生活自理能力逐步形成的时期，幼儿开始展现出自主意识和自我服务的需求，他们渴望独立完成一些日常生活中简单的任务，如：自己收拾玩具和图画书、将餐具摆放在指定处、整理仪表等。对此，为了有效支持 2—3 岁幼儿，可以通过创设环境来帮助幼儿养成整理的好习惯，逐步形成生活自理意识和能力。

一、日常整理环境创设

（一）群体日常整理环境的创设

整理活动贯穿在一日活动当中，包括进餐、饮水、整理玩具和图画书等多个环节。教师应尊重幼儿的发展特点，通过环境激发幼儿的整理主动性和兴趣。

进餐整理环境：在幼儿园的小、中、大班中，传统的做法是将餐具收纳在大桶中，身高有限的托班幼儿会在进餐结束后将餐具扔进大桶，这样既嘈杂，又不利于幼儿秩序感的培养。为了改善这一情况，教师可以在进餐区提供适合幼儿高度的餐具收纳盒，选择安全、符合装备标准的塑料容器，方便幼儿摆放并减少噪音。同时，通过在餐具收纳筐、小勺桶、毛巾收纳筐上粘贴幼儿喜爱的动物图案标识，激发幼儿的整理主动性，引导幼儿有

餐后整理环境——童趣、有序、呈现操作动线

序整理餐具和毛巾。墙面保持简洁，帮助幼儿专心完成餐后整理。教师还可以创设"小动物睡觉盖被子"的情境，引导幼儿擦嘴后整齐摆放毛巾。

整理毛巾环境——"小动物睡觉盖被子"

1. 饮水整理环境

为了引导幼儿饮水后把水杯摆放整齐，教师在茶杯架上设置了明确的分隔标记，用幼儿照片作为指引，让每个幼儿都有专属的收纳水杯空间。与此同时，教师在照片旁贴上醒目的红色爱心标记，引导幼儿喝好水后将水杯的杯柄朝向红色爱心标记摆放，这样不仅能确保水杯整齐有序，还能促使他们养成用手抓握杯子把手来接水的良好习惯。

做好标记，在提醒下做到茶杯摆放整齐

2. 玩具整理环境

为了支持幼儿参与整理玩具，教师可以：（1）提供大小适宜、不遮挡视线、有把手的收纳托盘，以方便幼儿双手拿取。（2）使用不同颜色托盘收纳不同种类的物品，如红色托盘放仿真食物，白色托盘放仿真餐具，让幼儿体验整洁的感受，提高整理意愿。（3）在玩具柜上贴与实物匹配的图片，在托盘上贴与托盘上所收纳的实物相对应的图片，为幼儿提供视觉指引。（4）提供收纳纸箱和玩具推车，满足幼儿游戏和动作发展需求，也方便幼儿拖拉和运送玩具。

白色的托盘中放仿真餐具

红色的托盘中放仿真食物

白色的篮筐中放仿真水果

提供纸箱、玩具推车、挎包整理玩具

3. 图书整理环境

（1）选择适合 2—3 岁幼儿阅读的书籍，如：拉拉书、纸板书、立体书、洞洞书等。（2）可按照材质、系列、大小等方式分类摆放书籍，给予幼儿直观的有序感受。（3）在书架上张贴对应的图片标识，便于幼儿拿取、整理。

阅读区域整理环境

精装书籍整理环境

平装书籍整理环境

翻翻书整理环境

（二）个体日常整理环境的创设

仪表整理环境：在托班，教师观察到一些幼儿开始关注自己的仪表，这是他们自我意识的萌发，也是养成整理习惯的开端。幼儿已对自己的性别有了初步认知，教师为男孩和女孩分别创设了整理仪表的区域，提供面霜、头箍、发夹、梳子等用品，以方便他们整理仪表。

男孩整理仪表环境

女孩整理仪表环境

二、日常整理活动的观察与照护

创设日常整理环境，能帮助幼儿养成并巩固良好的整理习惯。

（一）群体日常整理活动的观察与照护

1. 进餐整理环境：根据教室环境布局与幼儿操作动线，细致考虑物品摆放的顺序，确保餐具及收纳材料等物品处于幼儿视线范围内，方便他们根据提示进行餐具的分类、整理。

幼儿根据操作动线有序整理餐具

幼儿将用过的毛巾铺整齐

2. 玩具整理环境：每一位幼儿根据自身兴趣与需求，自主选择收纳盒、纸箱或小推车等工具进行整理。将所有玩具和材料直观展现在幼儿面前，让幼儿一目了然。同时，提供多种收纳整理方式。

根据图示整理玩具

根据自己需求选择用各种方式整理玩具

3. 饮水整理环境：张贴提示标记，引导幼儿有意识地摆放杯子，促进了幼儿精细动作的发展，同时帮助他们养成了良好的卫生习惯。

整理水杯

4. 图书整理环境：幼儿根据封面标记取拿图书，把书本摆放整齐。

整理图书

（二）个体日常整理活动的观察与照护

仪表整理环境：根据幼儿的个性化需求和季节的变化，收集幼儿自带的防晒用品、面霜、发夹等物品，帮助幼儿养成整理自己的好习惯。

男孩整理仪表

女孩整理仪表

　　有序、开放、安全、自助的整理环境，结合教师持续的激励与指导，能帮助托班幼儿逐渐积累整理经验，养成良好的整理习惯。

上海市浦东新区浦南幼儿园　屠晶

午睡环境创设和观察与照护

午睡活动是托班幼儿们日常作息中的重要环节。在午睡环节中，教师需要密切关注每一个幼儿的入睡状态，确保他们在午睡过程中得到适当的关注和照顾，从而为他们的一日生活注入满满的能量与活力。

一、日常午睡环境创设

1. 群体日常午睡环境创设

（1）绒绒睡岛：温馨舒适的午睡空间

卡通风格的午睡房　　　　　　　　温馨风格的午睡房

简约风格的午睡房

（2）萌萌睡床：可移动、叠加的小床，玩偶

可叠加的小床　　　　　　　　　　　　可移动的小床

（3）睡宝穿梭门：可移动的房门，将午睡室和活动室分隔开

易推拉的单开门　　　　　　　　　　　轻便的双开门

（4）星梦遮光幔：遮光且有梦幻元素的窗帘

遮光灰色窗帘　　　　　　　　有垂挂饰品的淡色系窗帘

（5）脚丫萌趣站：沙发、抱枕、童趣的拖鞋

卧室换鞋处　　　　　　　　　柔软抱枕

夏季拖鞋　　　　　　　　　冬季拖鞋

2. 个体日常午睡环境创设

（1）针对不愿午睡幼儿创设的"静谧安抚角"环境

静谧安抚角：单人懒人沙发　　　　　静谧安抚角：多人沙发

便携书架   地毯

（2）针对午睡情绪不佳的幼儿创设"舒缓小天地"环境

舒缓小天地   柔和的灯光

毯子   阅读机

（3）针对午睡时容易惊醒的幼儿创设"安心守护角"环境

安心守护角

（4）针对午睡中途需要如厕的幼儿创设"便捷如厕角"环境

便携小马桶

隐私区 1

隐私区 2

二、日常午睡活动的观察与照护

1. 群体日常午睡活动的观察与照护

（1）午睡前卧室的环境准备

午睡前，教师需要仔细检查卧室的环境，确保幼儿的安全与舒适。首先，检查卧室内的温度与湿度。其次，清理卧室内的杂物，保持地面整洁，同时检查幼儿床铺的整洁度与舒适度。最后，还需检查卧室内的通风情况。

检查午睡室的温度和湿度

检查地面整洁度

检查床铺整洁度和舒适度

检查午睡室通风情况

（2）午睡前幼儿的有序如厕

在午睡前，教师需要引导幼儿有序地进行如厕活动。提前告知幼儿如厕的时间和地点，并引导他们有序等候，避免拥挤和混乱。同时，要确保厕所的卫生与安全，提供足够的卫生纸和洗手液，引导幼儿正确如厕和洗手。

幼儿有序如厕　　　　　　　　　　"老师帮我一下吧"

"别害怕，老师陪着你上厕所"　　　　洗手时长袖"变"短袖

（3）午睡前辅助幼儿脱衣服

教师应耐心指导幼儿正确脱下衣物，鼓励他们自己动手，同时在一旁提供必要的帮助。对于年龄较小或自理能力较弱的幼儿，教师可以温柔地协助他们完成脱衣过程，确保动作轻柔，避免给幼儿带来不适。脱下的衣物应整齐放置在指定位置，以保持卧室的整洁与有序。

自己脱衣服　　　　　　　　　　"老师，能帮帮我吗?"

学着自己叠衣服　　　　　　　　　　衣服叠整齐

（4）午睡中的安睡方式

教师可以采用多种安睡方式。对于喜欢抱着东西入睡的幼儿，可以允许他们携带自己喜爱的小毯子或毛绒玩具上床，以增加安全感。此外，还可以播放轻柔的音乐或故事，帮助幼儿放松心情，更快进入梦乡。

抱着喜欢的娃娃睡觉　　　　　　　　听着好听的故事

轻拍哄睡　　　　　　　　　　轻唱摇篮曲哄睡

（5）午睡中的巡视观察

午睡期间，教师应定时进行巡视观察，注意幼儿的睡眠状态。观察幼儿是否有踢被子、蒙头睡觉等不良睡姿，及时为他们盖好被子或调整睡姿。同时，也要留意幼儿是否有异常情况，如突然惊醒、哭泣等，及时给予安抚和关心。

教师巡视幼儿睡觉情况

把脸露出来，避免被子盖住脸

"别怕，老师在"

"小手伸进去，被子盖盖好"

（6）午睡后的照护

午睡结束后，教师应轻轻唤醒幼儿，可协助幼儿穿衣。教师还需留意幼儿的情绪变化，对于醒来后感到迷茫或不安的幼儿给予温柔的拥抱和安慰。最后检查幼儿的床铺和房间的通风情况，确保午睡后环境的整洁与安全。

"老师，我没睡醒"

帮助幼儿穿衣

整理被子　　　　　　　　　　　　　开窗通风

2. 个体日常午睡活动的观察与照护

（1）针对排斥午睡幼儿的照护

对于排斥午睡的幼儿，教师可以尝试用轻柔的语言和故事引导幼儿放松，同时创设一个舒适的"静谧安抚角"，配备幼儿喜爱的小毯子或玩具，营造出安全、温馨的氛围，让幼儿感到安心，从而更容易入睡。

"不想睡，想和娃娃在一起玩"　　　　老师陪伴不想午睡的幼儿

师幼共读绘本　　　　　　　　　　　自己看会儿书

（2）针对睡前需要穿尿布的幼儿的照护

对于睡前需要穿尿布的幼儿，创设换尿布隐私区域，确保幼儿感到舒适和安全。

自己拿尿布

自己穿尿布

老师帮忙穿裤子

"谢谢老师帮忙"

（3）针对情绪波动较大幼儿的照护

对于情绪波动较大的幼儿，教师可采取个别安抚的方式，如轻声细语地安慰，或播放轻柔的音乐。同时，创设一个"舒缓小天地"，布置一些柔软、温馨的装饰，如毛绒玩具、彩色软垫等，让幼儿在这个小天地里感受到安全和温暖。

和玩偶在一起

听好听的音乐

老师陪伴、安慰

把不开心的事情向小青蛙说

上海市宝山区青苹果幼儿园　唐翠凤、金晓媛（摄影）

游戏环境创设与照护

娃娃家环境创设和观察与照护

📝 一、日常娃娃家环境创设

1. 群体日常娃娃家环境的创设

提供幼儿喜欢的桌椅、娃娃、厨具、餐具等，创设温馨、舒适的娃娃家环境。激发鼓励托班幼儿自由游戏、和同伴互动游戏。

找影子：根据图标的大小摆放相应的餐具

根据箩筐上的图案标识，分类整理物品

娃娃家的游戏区域　　　玩具花洒、沐浴露、浴　　　娃娃家的小床
　　　　　　　　　　　　盆，供娃娃"洗澡"用

教室里的小山洞连接着活动区域，幼儿可自由穿行

2. 个体日常娃娃家环境的创设

托班宝宝的全家福

二、日常娃娃家活动的观察与照护

1. 群体日常娃娃家活动的观察与照护

（1）娃娃家

在开放式橱柜上粘贴相应的图片和标记，明确各种用具的存放处，以便幼儿直观地辨识物品，有助于形成良好的生活秩序和生活习惯。

（2）小山洞

初入托班，幼儿们会出现各种状况：哭泣，或不愿与人交流等，如有的幼儿喜欢独自静处，应尊重其意愿让其独处。在教室中设置小山洞，既能够让幼儿钻进秘密空间活动，又能锻炼钻爬能力，缓解紧张情绪。

2. 个体日常娃娃家活动的观察与照护

当托班幼儿欣赏"全家福"照片时，很容易产生和同伴交流的愿望，告诉他们"这是我的爸爸、妈妈"。亲切、轻松的话题同样容易激发同伴的分享欲，进而产生积极的回应、对话和交流。

上海市黄浦区荷花池幼儿园　　袁岚

建构游戏区环境创设和观察与照护

将不同种类的建构材料巧妙融入富有情境的环境中，能激发托班幼儿在建构活动中的积极情绪和浓厚兴趣，支持托班幼儿在温馨有趣的环境中潜移默化地发展建构能力。

一、日常建构环境的创设

1. 群体日常建构环境的创设

（1）"亲亲积木屋"空间布局

"亲亲积木屋"全景

（2）亲亲宝贝家

"亲亲宝贝家"帐篷区

乐高小餐桌

（3）萌宠乐园

发声软积木宠物乐园　　　　　　　　小动物休息站

（4）彩色小镇

彩色光影积木小镇　　　　　　　　彩色公路

（5）缤纷互动墙

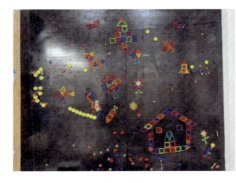 

魔力黑板　　　　　　　　　神奇大门

五彩夹夹乐　　　　　　　磁力玩具拼搭展示墙

（6）洞洞墙

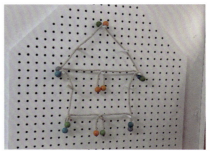

插棍互动区　　　　　　　　挂绳建构区

（7）小建筑师阅读区

配套建构主题类绘本

（8）多媒体设备

儿童照相机
操作简单，便于幼儿自主记录

互动机器
可移动电子设备，便于师幼
互动或幼儿分享自己的作品

2. 个体日常建构环境的创设

（1）丰富建构材料，满足不同幼儿发展需求

萌趣乐高桌

百变彩绳

（2）支架性环境，提供丰富范例，积累建构经验

毛毡七巧板互动墙

趣味展示板

（3）个性化环创及材料，满足幼儿个性化情感需求，鼓励幼儿听、说

心语墙   录音话筒

登高小脚凳

🔍 二、日常建构活动的观察与照护

1. 群体日常建构活动的观察与照护

（1）师幼共建"亲亲家园"

师幼互动，实现环境创设的共建。营造轻松愉快的氛围，激发幼儿的创造力。

用建构材料搭建的小餐桌   拼一拼，搭一搭，马上就能开饭啦！

用磁力片拼出蛋糕，喝下午茶啦！ 用软积木和毛绒玩具建构动物乐园

用立体雪花积木建构宠物淋浴器 为动物宝宝建造乐园

用彩色光影积木构筑美丽小镇 用彩色光影积木建造五彩楼房

（2）立体式支持环境和多样化材料

合理利用空间，通过墙面布置、立体展示及投放多媒体产品的环境布置，融入具有启发性和引导性的立体式支持环境创设。

摆放易拿取的、与建构相关的书籍

看看图纸，我是小小建筑师

卡通照相机

"咔嚓"，看，这是我的作品！

多功能互动机器

和小伙伴一起看一看、说一说

趣味互动墙，可看可玩

先观察，然后撕一撕、贴一贴

2. 个体日常建构活动的观察与照护

（1）深入了解幼儿建构现状

捕捉幼儿的建构行为，通过持续深入的观察，了解班级每位幼儿的建构现状，包括建构兴趣、建构技能、动作发展及较为偏爱的建构材料类型等。聚焦幼儿个体的实际能力发展水平及兴趣偏好，有针对性地给予引导和鼓励，激发幼儿个体在建构活动中进行操作与尝试。

低结构材料满足不同幼儿发展需要　　　　拼搭锻炼幼儿手部精细动作

（2）有效激发建构兴趣

创设情境化的环境满足幼儿的情感需求，激发幼儿建构的兴趣。同时，教师可有意识地引导幼儿关注支架式环境，通过观察建构步骤图提示和欣赏他人作品，初步了解简单的建构方法。在建构活动室中陈列展示幼儿作品，从而增进幼儿在建构活动中的自信与积极性。

温馨氛围激发建构兴趣　　　　有趣道具引发自信分享　　　　清晰图示提供建构引导

（3）辅助道具助力幼儿建构

在混龄活动环境中，可提供更多的辅助道具来支持托班幼儿进行建构活动。

安全踩脚凳，帮助幼儿探索更高的空间

上海市浦东新区东方幼儿园　黄霓霓、朱舫、吴一凡、高吴萍

大运动区环境创设和观察与照护

户外运动活动不仅承载着幼儿每日的活力与期待，更是促进幼儿身心全面发展的关键要素之一。与自然联结、自由伸展的户外大运动区域，能够推动更加科学、适宜的户外活动的开展。

📍 一、户外大运动区环境创设

1. 群体户外大运动区环境创设

（1）欢乐野餐区

材料提供：帐篷、折叠靠背椅、野餐收纳盒、地垫、餐具若干、清洁工具等。

发展动作：拿、端、走等。

野营帐篷站点 1　　　　　　　野营帐篷站点 2

休闲茶歇站

（2）自由翻滚区

材料提供：渐变绿色地垫、毛绒玩具、毛毡背心、野营车等。

发展动作：翻、滚、爬。

果蔬粘粘乐

（3）嘟嘟小车区

材料提供：小推车、花生车、带顶棚小车、滑板车等。

发展动作：推、蹬地行走等。

小推车   花生车

带顶棚小车   滑板车

（4）光影小屋区

材料提供：透光彩色玻璃纸小屋等。

发展动作：躲、藏。

光影小屋

2. 个体户外大运动区域环境的创设

（1）互动玩球区

材料提供：透明泡泡球、大滚球等。

发展动作：触摸跳、顶、拍、推等。

闪一闪、拍一拍　　　　　　　　　推一推大滚球

（2）隧道钻爬区

材料提供：半月形钻爬材料、地垫等。

发展动作：钻爬、翻越等。

钻钻爬爬小隧道

（3）感统平衡区

材料提供：感统大陀螺。

发展动作：摇、晃、保持平衡。

摇摆大陀螺

二、户外大运动区的观察与照护

1. 群体户外大运动区的观察与照护

通过创设合理、多样化、多功能的运动环境，提供适宜的车类、球类、折叠靠背椅、野餐收纳盒、地垫等器械、材料，鼓励幼儿尝试用各种材料和器械活动身体，体验运动的乐趣。结合开放、联结、伸展的运动场景，帮助托班幼儿积累运动经验，培养规则意识与大胆、自信、勇敢的品质，提高运动积极性。

（1）材料组合，强化功能

多种运动器械与低结构材料组合，托班运动器械一般为中小型，便于搬动。当幼儿对单一功能的运动器械玩腻了的时候，可以将多个单一功能的运动器械组合使用，并提供各种低结构材料，这样能使幼儿在运动的同时，融入想象与探索。他们通过语言表达、动作表现、合作互动，创设具有情境的运动游戏环境，在有情节的运动活动中，提高活动兴趣、获得动作发展。

幼儿选择喜欢的野营站点　　　　在休闲茶歇站情境扮演

在提篮里装入喜欢的材料　　　幼儿在野营站点进行扮演游戏

（2）探索材料，创意玩法

探索同种材料的不同玩法。如有的幼儿把材料当作隧道情境，进行钻爬，有的幼儿把材料当成小山坡情境，进行攀越。

幼儿钻过隧道　　　　幼儿爬上山坡　　　　重组器械，走过波浪桥

又如：互动玩球区有不同材质、不同大小的球，幼儿探索不同的玩法，同时发展触摸、跳、顶、拍、推等动作。

幼儿跳起拍、顶闪闪球　　　幼儿推大滚球　　　幼儿在大陀螺中站稳

你坐我转　　　独立前后左右晃动

探索同一区域中的不同材料的不同玩法。

幼儿选择喜欢的车　　　在平放的小木梯上行走

小木梯变轨道推小推车 　　　　　　　 你开车我帮忙

2. 个体户外大运动区的观察与照护

2—3 岁幼儿进入动作快速发展的关键期，可充分挖掘器械、材料功能，创设有利于幼儿动作发展的安全物质空间。

1. 遵守安全性原则

创设运动环境时要考虑安全性，包括消除场地上的安全隐患，提供安全、无毒的各类运动器材。托班幼儿在运动中，特别是在富有野趣的运动中容易产生胆怯、畏惧心理，因此，还要多给予鼓励，让幼儿在心理上获得安全感，消除运动时的恐惧心理。

提供大而宽的软垫以及布艺辅助材料 　　　 提供圆弧边缘的辅助材料

提供软、轻、内有彩色闪光片的悬吊球 　　 提供多幢独立的私密纸房

2. 遵循即时性原则

在活动中教师应敏锐捕捉幼儿即时表现出来的运动兴趣，联结自然环境，引发幼儿参与运动的兴趣，让他们喜欢参与运动。

幼儿对光影和色彩产生探索的兴趣

幼儿对清扫工作产生模仿的兴趣

和同伴一起坐在大陀螺里玩

大陀螺变成了大碗

上海市黄浦区奥林幼儿园　沈文茜

沙水游戏区环境创设和观察与照护

遵循"保教并重""情感优先""尊重差异"的教养理念，科学布局，提供丰富多样的材料，注重清洁与维护，给予幼儿自我服务和充分发挥想象力与创造力的沙水游戏空间，支持、鼓励托班幼儿在自主游戏中大胆探索、多元表达。

一、沙水游戏环境创设

1. 群体沙水游戏的环境创设

（1）整体空间布局

沙水区布局

好朋友休息站

可移动护理车方便幼儿自由选择护理用品，在纳凉休息区和可爱的玩具一同休息，缓解不适情绪

清洁冲洗区

（2）更衣区布局

更衣用的软垫、矮凳可供不同更衣习惯及身高的幼儿自由选择

室内雨靴更换区　　　　　　　　　防护衣悬挂区

遮阳帽悬挂区

照片标记，让幼儿一目了然，方便拿取帽子

2. 个体照护的环境创设

（1）爱心护理车

防蚊、防晒篮　　　　　　　　　　备用拖鞋

盛有幼儿自带的防晒棒、驱蚊水　　为弄湿鞋袜的幼儿提供备用拖鞋

触手可及的纳凉用品

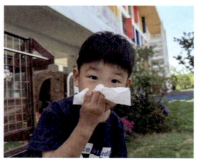

触手可及的个性化护理用品

（2）沙池缓冲区

沙池里的座椅、玩偶、网状轮胎、水池里的浮板，可让幼儿在活动前进行适应性过渡，也为他们进一步的接触和探索提供了支持。

各种缓冲材料：瑜伽球、玩偶、网状轮胎、铁盘、浮板等

试一试、踩一踩　　　　　　　　　　　　跳一跳、玩一玩

二、日常沙水游戏的观察与照护

1. 群体沙水游戏的观察与照护

（1）各种更衣用具，提升幼儿自我更衣的体验

创设便利、舒适的更衣环境，提供适宜的地垫、矮凳、护理推车、衣帽架、护理用品等，耐心支持并鼓励托班幼儿自主更衣。

提供适合托班幼儿的防水装备。

背带交叉更舒适　　　　　　幼儿穿着防水装备进入水池游戏

（2）夏季时多提供各种个护、清洁用品

提供镜子、软毛刷、毛巾、纸巾等，引导幼儿自主拿取并用来清洁身体沾上的沙水或污渍。

幼儿对着镜子涂抹防晒霜   幼儿用软毛刷刷去脸上的沙子

随处可见的湿巾、纸巾

随处可见的镜子

随处可用的水龙头、水池

按一按、压一压

转一转、拧一拧

（3）冬季时做好防寒的准备

游戏后喝的红糖姜茶

喝一喝、暖一暖

冬季防水装备

幼儿自主选择佩戴帽子

（4）饮水小站：幼儿可及时补充水分、擦汗休息

饮水小站的水桶、杯子、擦汗巾

2. 个体沙水游戏的观察与照护

（1）提前了解需要个别护理的敏感幼儿，鼓励幼儿带上自己的护理用品。

幼儿自备的驱蚊水、止痒棒、驱蚊贴等

（2）提供防护衣物、用具等，幼儿可根据自己的体感自主选择

小扇子、降温小电扇、墨镜等

（3）在温馨的环境中放上各种幼儿熟悉的玩具"好朋友"，缓解幼儿游戏时的不适情绪

幼儿熟悉的玩偶、手偶、玩具

在沙池里抱一抱我的娃娃　　　　　　　在水里找一找我的玩具

骑一骑小车　　　　　　　　　　摇一摇平衡马

上海市宝山区陈伯吹实验幼儿园　施思、黄赠超

长廊环境创设和观察与照护

长廊游戏环境的创设，旨在营造一个安全、有趣、教育性和互动性强的空间，以促进幼儿的全面发展。

📝 一、日常长廊环境创设

1. 群体日常长廊环境的创设

（1）小舞台：各种乐器、装扮用的服装、话筒、舞台背景

（2）光影区：光影小瓶子、彩色玻璃纸蝴蝶、放大镜、自然物（树叶、树枝、花朵、昆虫等）

（3）野餐区：小帐篷、野餐垫、玩偶、餐具、食材等

（4）洗刷刷：小拖车、清洁工具（海绵、毛巾、喷壶、拖把、扫帚、簸箕等）、各种洗澡工具、小娃娃、小衣服等

（5）自然拼搭区：各种自然物（树枝、石头等）

（6）骑行区：小车与摇摇马若干

（7）跳爬区：蹦床及爬类玩具组合

（8）玩报纸区：大游泳池、各种大小的报纸、帐篷、动物造型

（9）海洋球区：海洋球及投篮筐

（10）平衡区：各种平衡玩具

（11）材料小超市：各种分类摆放的材料（毛绒玩具、仿真餐具、手套、低结构材料等），可供幼儿自取

2. 个体日常长廊环境的创设

（1）"我来了"：创设幼儿园场景，投放幼儿照片摆件

（2）"这是我的"：摆放小架子，粘贴幼儿们的照片

（3）休息区：水桶，一次性纸杯，生活车（放有纸巾、湿巾等），垃圾桶，小沙发、绘本若干

（4）温馨小角落：沙发一个，帐篷一个，毛绒玩具若干，垫子若干

📍 二、日常长廊活动的观察与照护

1. 群体日常长廊活动的观察与照护

长廊，不仅是室内与户外的过渡与联通空间，更给幼儿的心理上提供过渡性的体验。

（1）在炎热的夏日，长廊不仅能遮阳避暑，让幼儿休息，而且长廊也便于幼儿亲近自然，探索各种自然物，并感知自然中光与影的变化

（2）将劳动活动融入长廊的空间中，扫地，拖地，给娃娃洗澡、洗衣物等活动，可以培养托班幼儿的劳动意识和劳动习惯，提高自理能力

（3）发挥长廊狭长的优势，鼓励幼儿进行形式多样的身体活动，如爬、走、跑、钻、投、跳等活动，拓展进行各种身体活动的机会

（4）提供多种活动材料，促进幼儿运用各种感官反复持续探索周围环境，如撕一撕、揉一揉、捏一捏、抛一抛等，促进视觉、听觉、触觉等发展，以及精细动作发展

2. 个体日常长廊活动的观察与照护

（1）个体游戏情绪的照护

了解并关注幼儿在游戏中的情绪变化，通过创设小沙发、小帐篷等，帮助幼儿学会正确表达情绪，尝试调节自己的情绪。

（2）个体的特殊护理与自我意识

托班幼儿处于自我意识发展的初期阶段，会有一些简单的自我指认行为。创设"这是我的"环境，为幼儿提供摆放自己物品的空间，逐渐推动托班幼儿自我意识的发展。

（3）差异化生活照护

托班幼儿个体差异性大，"生活车"便于幼儿在长廊中游戏时自主地进行生活活动，教师关注幼儿的出汗量、饮水量等，适时地进行指导。同时，也提供沙发和图书，让幼儿自主地进行休息和自我护理。

上海市虹口区实验幼儿园　何秋芸

环境篇

日常照护中的
家园共育

不爱午睡——帮助幼儿愿意在园睡觉

📋 情境描述

一边听着午睡故事，托班的幼儿在老师的帮助下更换衣物，陆续钻进被窝里。

稞稞正在换尿布，刚脱下尿布，稞稞便光着屁股爬到小床上，看到老师来找自己，稞稞更加兴奋了，在小床上蹦蹦跳跳；可可坐在床上不肯躺下，小手紧紧拽着身旁老师的衣角，撕心裂肺地哭喊着"打电话……妈妈来……回家……"；卡卡躺在被窝里，不断用脚后跟"咚咚咚"地敲打床板，尽管老师提醒制止，但仍乐此不疲地敲床板，时不时发出开心的笑声。

ℹ️ 观察分析

2—3岁幼儿正处于身心快速发展阶段，他们的行为和情绪受到多种内外因素的影响，针对在幼儿园不肯睡午觉这一现象，可以从发展心理学、生理学和环境适应等领域综合分析：

1. 自主性发展与行为管理

根据埃里克森的心理社会发展理论，2—3岁的幼儿开始探索自己所处的环境，并努力控制自己的行为，逐渐形成自主性。如果成功，便会感到自信和安全。案例中，稞稞目前正在自主性和依从规则之间寻找平衡，通过挑战成人权威、测试自主控制权来感受自己在新环境中的自我行为控制能力。

2. 依恋行为与情绪调节

爱因斯沃斯依恋理论指出，幼儿对照顾者的信任程度和在压力下寻求安全感的方式取决于不同类型的依恋行为。案例中，可可在午睡时间拽住老师的衣角并哭喊着寻找安慰，这是对照顾者安全依恋的一种表现，他通过身体接触寻求安全感，这是儿童发展中正常的需求。

3. 环境适应与生理调节

布朗芬布伦纳的生态系统理论认为，个体发展是在不断变化的环境系统中进行的。2—3 岁幼儿从最近的、熟悉的家庭环境到更广泛的、陌生的社会文化环境，会受到各层系统相互作用的影响。案例中，卡卡还没有完全适应在十二点睡午觉的新作息规则，在午睡时的表现是由于他的生物节律还没有与托班作息时间同步，而用脚敲打床板的行为，则是对环境变化的探索与适应，可能是他寻求成人关注或是释放过剩能量的方式。

 支持策略

1. 获得家庭支持，培养幼儿自主性、规范行为

可以采取"平衡自主与引导"的策略，帮助幼儿感受自主与规则之间的平衡，促进积极行为发展。

（1）提供选择：在日常换尿布时，可给予幼儿自主选择的机会。如，幼儿自由决定更换尿布的时间，给予幼儿自主控制的感觉，在潜移默化中让他尝试管理自己的行为。

（2）建立（游戏化）规则：可以尝试将规则嵌入游戏活动。如，开展"红绿灯"游戏，引导幼儿理解和遵守规则，再将游戏规则内化到换尿布的过程中，红灯代表停止活动换尿布，绿灯则表示继续玩耍，在玩中学会等待和遵守规则。

（3）正向强化：当幼儿表现出理解和接受规则时，可采用表扬和奖励来强化这一行为。如，在成人提醒下按时换尿布后，可得到贴纸作为奖励，这种正面强化促使幼儿愿意

继续遵守规则。

（4）准则共识：教师可以与家长面谈，获得养育人的理解与支持，确保家里的规则与幼儿园中的规则大致相同。教师可与家长一起共同制定家园行为指南，规定简单的家庭任务，如幼儿自己收拾玩具，确保幼儿在家、园都得到一致的指导和支持。

2. 建立与家庭的链接，帮助幼儿形成安全的依恋、稳定的情绪

教师可以创设温馨的生活化环境，让幼儿感到熟悉、安全，使幼儿在幼儿园和家庭中都感到被爱和被支持，减轻分离焦虑。

（1）情绪安抚：就寝前，如果幼儿的情绪出现波动，教师需要接纳孩子的情绪，可以坐在他的床边，一边读故事书，一边对幼儿手和面部进行抚触，让幼儿感受到熟悉的声音和身体接触，逐渐进入安静的午睡状态。

（2）焦点转移：接纳分离焦虑情绪，响应幼儿需求，提供适当的安慰并增进安全感。如，拿一个玩具手机给幼儿，让他把心里对家人的思念说出来，宣泄情绪。

（3）自我认可：结合幼儿的兴趣，有针对性地设计一系列小任务，如，可以让案例中的可可前往植物走廊，给植物浇水、看看种子有没有发出绿芽。在完成小任务和教师的鼓励声中，让幼儿感到自己是幼儿园中担当重任、不可缺少的一员，缓解分离焦虑。

（4）"心声"连接：让幼儿能够和家长进行一小会儿真实通话，家长的参与和支持可以减少幼儿的焦虑。

3. 与家庭共商，帮助幼儿调整作息、适应环境

针对幼儿适应新环境的挑战，建议提前以家访等方式和家长面谈，了解幼儿在家中的作息习惯，以调整带养模式。与此同时，建议教师可以请家长也提前了解幼儿园的作息，同步调整幼儿生物钟，确保家庭和幼儿园在作息上的一致性。

（1）心理暗示：教师可将午睡准备活动的时间提前，每日重复活动内容，潜移默化地帮助幼儿从心理上适应幼儿园的午休节奏。如，在开学适应期，餐后安排散步与绘本阅读，让幼儿知道，两件事情完成后就是休息时间，能有初步的心理预期。

（2）身心休息：可以播放轻柔的午睡音乐，布置有午睡室玩偶（依恋物）陪伴的温馨、安逸环境，引导幼儿的身体进入放松状态。在此基础上，通过观察幼儿日常活动的状态来调整运动量和活动时间，以便幼儿更好地休息。

（3）正面反馈：发现进步，及时表扬。当幼儿表现出适应新作息的努力时，如：尽管睡不着，但在午睡时，知道要保持安静、好好休息，授予"进步小明星"的贴纸奖励，给予正面反馈。

2—3岁幼儿在入园后常常会遇到适应性方面的挑战，这是非常普遍的现象。作为教师，通过仔细观察、发现需求、共情理解、恰当支持，无论是创设安全的午睡环境，引导幼儿逐渐适应作息，还是与家长紧密合作，确保家园间的连贯性，都可以帮助幼儿克服适应期的困难、顺利成长。

上海市闵行区莘庄幼儿园　朱筱箐

哭着要爷爷——帮助幼儿午睡时缓解依恋

📋 情境描述

每天早晨来园，祎祎还没进教室就能听见走道里传来的哭声："我要回家，我要爷爷！"有时候拗不过祎祎的哭闹，爷爷还没将祎祎送进教室就带他回家了。最严重的还是在午睡的时候，祎祎一走进卧室就哇哇大哭起来，哭喊着："打电话给爷爷！打电话给爷爷！"情绪激动时甚至会将午饭吐出来，哭累了就静静地坐在床上看着卧室的门口，就这样哭哭停停直到午睡结束。这不仅影响了祎祎的睡眠质量，也可能对他未来的独立性和社会交往能力发展产生不利影响。

ⓘ 观察分析

祎祎的午睡问题主要源于他的分离焦虑。并且这样的情况已经持续了一个月，新入托的幼儿容易产生分离焦虑的情绪，造成这一情绪的主要原因是：

1. 情感依恋需求：孩子与依恋对象分开，从而产生的悲伤、紧张、暴躁等负面情绪以及食量减少、入睡困难等生理反应。但随着幼儿对班级环境以及老师的熟悉，这种负面情绪也会逐渐消退。

2. 适应期过渡表现：祎祎正处于从家庭到幼儿园的重要过渡阶段，午睡时的依恋行为是他适应新环境过程中的一种表现。

3. 家庭教养方式：祎祎的父母长期在外地出差，主要教养人是爷爷奶奶，爷爷奶奶平时几乎都顺着祎祎的想法，只要一哭闹就满足他的要求，祖辈对科学的教养方式并不太了解。

💡 支持策略

1. 情感沟通，建立信任

首先教师要与祎祎建立深厚的情感联系，通过日常互动和正面鼓励，让他感受到幼儿园的温暖和安全。

当祎祎来园时，给他一个温暖的拥抱和亲切的问候，用饱满的情绪、积极向上的态度让祎祎感受到教师的关爱和关注，减轻焦虑情绪。当祎祎出现焦虑情绪时，及时地拥抱、宽慰他，以同理心接纳负面情绪。

平时多关注他的游戏行为，和他游戏、聊天，用互动帮助他逐渐建立对教师的信任和依赖。对祎祎想念爷爷的情绪表示理解，告诉祎祎老师已经将他开开心心的照片发给了爷爷，给予祎祎积极的期望。

2. 增加依恋对象，逐步缓解依恋

在与爷爷的沟通中了解到，祎祎在家很喜欢一只粉色的毛绒兔，给它取名叫"花兔兔"，教师请祎祎把"花兔兔"带到幼儿园。家中熟悉的安抚物可以给幼儿提供安全感，这种熟悉的安全感转移了祎祎对爷爷的依恋，帮助他安稳入睡。自从有了"花兔兔"的陪伴，祎祎在午睡时的情绪似乎变好了，会主动抱着"花兔兔"走向自己的小床。

3. 改变午睡环境与仪式，缓解入睡焦虑

在爷爷的同意下教师把祎祎的床位调整到一个相对安静以及光线较暗的角落，避免他被其他幼儿的声音所干扰。在睡前给大家播放轻柔的钢琴曲或者大自然的声音，舒缓幼儿的情绪。教师可以适当多坐在祎祎身边，拍拍他，让他感受到教师的陪伴，以安心地午睡。

通过改变睡眠环境，祎祎的午睡焦虑情绪得到了缓解，他逐渐适应了舒适的睡眠环境。

4. 正面引导，增强积极性

每当祎祎在午睡情绪状态良好时，教师及时给予表扬和奖励，如放学时给他一张小贴纸并说："祎祎今天像小猫咪一样，睡觉安安静静的，张老师明天还想陪着小猫咪祎祎睡觉。"正向的引导以增强他的午睡积极性。

放学时师幼共同聊当天在班级里的"小成就"时，祎祎从一开始的不愿意聊，到后来骄傲地和同伴说"祎祎今天午睡很棒！不哭也不闹"，增进祎祎与同伴之间的正面互动。

上海市普陀区早期教育指导中心 张恺

午睡时要人陪——帮助幼儿自主入睡

📋 情境描述

午睡时，潘潘在小床上翻来覆去没有睡着。老师看到后询问："潘潘不舒服吗？"潘潘摇摇头，老师听后说："睡不着，是吗？那老师拍一拍好吗？"潘潘点点头。在轻拍一会儿后，潘潘还是没有入睡，并对老师说："我想要抱抱。"在轻拍的过程中，潘潘其实一直在打哈欠，偶尔揉揉眼睛，表现出了一定的困意。于是老师把潘潘抱在怀中继续轻拍一会儿，5分钟后，潘潘睡着了。

ⓘ 观察分析

2—3岁幼儿睡眠受到自身体质、健康状况、气质等因素以及与家人的睡前互动、睡眠方式等相关的家庭教养行为的影响。

潘潘难以自主入睡的原因可能与以下几个方面有关：

1. 气质类型

案例中的潘潘表现出生活作息不规律、在新环境（事物、陌生人）中的适应较慢、偶尔表现出一些消极的情绪，这类气质类型的幼儿较容易出现睡眠问题，潘潘属于入睡比较困难的类型。

2. 睡眠卫生

睡眠卫生包含了睡眠模式、睡眠习惯、睡眠环境等方面。

通过沟通，教师了解到潘潘以往的睡眠模式是由妈妈哄睡，睡眠习惯是睡前需要很多的就寝活动（如亲子阅读、游戏）和安抚行为（抱睡、哄睡）。相关调查研究发现，幼儿与家长在睡眠过程中过多不当的就寝活动和安抚行为，反而间接造成睡眠问题，较难满足2—3岁幼儿所需睡眠时长（11—13小时）。长此以往，还会从入睡困难进一步导致频繁夜醒，影响睡眠质量，间接地给日常生活作息带来挑战。

💡 支持策略

1. 把握在园教育机会，培养良好的睡眠习惯

（1）设计有趣丰富的日间活动

在幼儿园每天会有丰富的日间活动，如游戏、运动等。大量的活动能够促进幼儿消耗体力，释放精神上的紧张和焦虑，进而感受到快乐和放松，有助于入睡。幼儿园根据幼儿的年龄特点和个体需要，提供适宜的、与睡眠好习惯有关的儿歌、绘本等，绘本中的人物形象通常是幼儿熟悉或喜爱的，对幼儿而言他们是朋友或者榜样，能激发幼儿模仿绘本中的行为，从而逐渐养成良好的睡眠习惯。

（2）创造安静舒适的睡眠环境

在幼儿园的午睡室中提供舒适、干净、柔软的睡垫、枕头和被子，注意选择柔和的色调。把午睡室布置得有趣味性和温馨感。在午睡前，可播放舒缓的轻音乐作为入睡信号，也可以讲一个温暖的小故事，并注意及时调整室内光线。

2. 建议家长帮助幼儿建立良好的睡眠规律

（1）制定生活作息表

约定好什么时候玩游戏、什么时候亲子阅读等，把控每个环节的时长，并形成规律。睡前打卡活动尽量在睡前30分钟左右进行，避免过于刺激，从而造成幼儿神经中枢的兴奋。

在幼儿身体状况良好的情况下，尽量按照作息表的时间进行作息，使生物钟逐渐稳定。如果有时候生活出现变动，如家里有朋友聚会或者外出旅行时，也尽量不要打乱睡眠规律。

（2）循序渐进式独立入睡

神经学家达西亚·纳维兹提出的"睡眠逐步推进"方法，在幼儿能容忍的范围内劝其入睡，始终让幼儿将睡眠这件事和正面的情绪联结，而不是感觉到被抛弃的孤单。

鼓励潘潘与家长逐步分床睡，如可以先让潘潘的小床与父母的大床挨着，给他安全感。随后可以把小床挪到一个单独的房间，可适当开着门，让他知道当他遇到问题时，爸爸妈妈随时都可以过来。家长多给予鼓励和支持，坚持下去潘潘会认为自己独立睡觉是一件自然的事情。

上海市黄浦区荷花池幼儿园　项晨奕

入睡困难、紧张——为幼儿午睡提供安全感

情境描述

辰辰刚入园时 35 个月，妈妈对家访教师说："辰辰午睡时只要看看书，一会儿她就能睡了。"

可午睡时，辰辰一直不睡，还大声哭闹，在卧室里走来走去，入睡非常困难。无论老师怎么哄，她就是不睡，还把其他小朋友都吵醒了。辰辰在午睡时会表现出想要教师陪伴，但是教师走近她，她却开始大哭大闹，教师走开，她又继续表现出想要获得陪伴。

观察分析

辰辰的依恋对象是外婆，并且存在不安全依恋的模式。她对外婆过于依赖，同时又对自己和外婆的关系缺乏信任和安全感。辰辰在午睡时表现出的想要教师陪伴，又拒绝教师陪伴的行为属于矛盾型不安全依恋行为。这种不安全的依恋源于她在家庭中的依恋模式。辰辰喜欢依偎外婆，期待她的拥抱，而外婆却常常无法及时满足她的需求。辰辰因此很矛盾，既寻求又反抗与外婆的身体接触。

支持策略

1. 调整空间，单独陪伴

教师调整了陪伴空间，将小床搬到独立的空间内，确保安静、舒适、光线柔和且通风良好；并与辰辰进行情感交流，坐在她身边讲故事，轻声安抚和陪伴她入睡，给予足够的关爱与支持，逐渐让她安静下来。

2. 个性陪睡，逐步递进式入睡

（1）寻找依恋物，替代外婆陪伴

辰辰的依恋对象是外婆，为了缓解外婆不在时辰辰的紧张与焦虑，教师与家长沟通，寻找依恋物，让家长把依恋物带到幼儿园，午睡时让辰辰抱着，代替外婆的陪伴，让辰辰有了情感寄托，减少焦虑。辰辰明显安静了许多，渐渐地睡着了。

（2）尝试各种助眠方法，逐步培养睡眠习惯

采取抱着宸宸边拍边走哄睡、用手掌轻轻盖在眼睛上等办法，让宸宸近距离感受到有人在她的身边，建立安全感。后续逐渐播放安静的摇篮曲，再过渡到不需要人陪伴入睡。

3. 家园协商与互动，共同培养幼儿的睡眠习惯

（1）共同收集信息，全面了解情况

家访时，向辰辰妈妈了解关于辰辰午睡时的信息；辰辰入园初期，进行细致的观察，记录辰辰午睡的行为表现、情绪反应等，然后向家长反馈，如此反复进行，从多个维度对辰辰的午睡情况进行全面的评估。

（2）合力共同探讨方法，加强家长坚持的信念

家长作为幼儿的第一任教师，他们的信念、态度和行为对幼儿有着深远的影响，因此，教师应和家长一起探讨解决问题，并给予家长肯定与鼓励，让家长的信念更加坚定。幼儿园不仅为他们提供个性化的咨询服务，还建立有效的家园反馈机制，定期向辰辰家长反馈辰辰午睡的表现和进步，让辰辰家长感受到教育的成效和辰辰的潜力。

上海市虹口区实验幼儿园　何秋芸

睡觉惊醒——抚慰幼儿安稳睡眠

情境描述

辰辰是班级里最小的孩子，平时很容易生病，身高、体重也不达标。家人为此非常担忧，为了让辰辰更好地休息，托班的上学期辰辰妈妈坚持提出中午接孩子回家午睡，考虑到辰辰的身体状况，老师答应了妈妈的要求，并经常和辰辰的家人沟通孩子的在园、在家情况。

进入托班下学期，辰辰开始在园午睡，可是在最初的一个星期里，辰辰睡梦中总是会不断惊醒，并哭闹不止，即便老师尽力安抚，也很难平静下来。和家人沟通后了解到，辰辰在家中睡眠也有同样的问题，夜里经常惊醒、大哭，需要家人拍睡、抱睡，并且习惯开灯睡觉，作息也不太规律。

观察分析

幼儿睡眠惊醒的原因既可能是生理方面的，也可能是心理方面的。

1. 生理因素

幼儿睡眠惊醒、哭闹需考虑是否为消化道反应，综合考虑辰辰身高、体重不达标的状况，以及进餐、如厕情况，老师建议辰辰家长观察辰辰是否有消化道过敏反应，起初辰辰家长对于这个建议并不太接受，认为孩子没有明显的过敏表现，应该不会有问题，但仍抱着半信半疑的态度带孩子做了相关检查，检查结果显示辰辰对蛋白质过敏严重，而过敏反应确实可能引起肠胃不适，导致频繁惊醒。

此外，辰辰最近正在尝试戒除尿不湿，开始自主如厕，戒除尿不湿期间幼儿也可能因感到尿意而憋醒。

同时，辰辰平日的作息不规律，经常和家人一起很晚入睡，白天困了就随时补觉，这样的作息让他缺乏稳定的睡眠时间和时长，不利于长时间的安稳睡眠。

2. 心理因素

在陪伴辰辰午睡的过程中老师发现，辰辰比较怕黑，当他在昏暗的环境中醒来时，会本能地用哭闹来寻求成人的保护和慰藉，这和他在家中开灯睡觉的习惯也是密不可分的。

此外，辰辰的月龄偏小，对家人，尤其是奶奶非常依恋，不断惊醒也是分离焦虑的表现之一。奶奶在家中哄睡时经常会采用拍或抱的方式，这让他形成了被拍、抱的睡眠习惯，而在园午睡和在家时不一样，辰辰会感到不适应。家长对辰辰在园午睡的纠结和紧张也可能影响孩子，让他表现出对在园午睡的抗拒和焦虑。

💡 支持策略

1. 教养医支持，给家长信心

在发现辰辰存在严重蛋白质过敏后，老师和校医、家长一起沟通孩子的情况，结合医嘱，共同制定了个性化的餐点，在避免食用引起过敏反应的食物外，尽可能地保证营养的充足和均衡。

教师注意向祖辈家长展示了辰辰的餐食和菜谱，并说明过敏对幼儿生长发育的危害，分享辰辰在园的点滴进步，争取祖辈家长的理解和支持。最终在校医的建议下，家长为辰辰更换了奶粉，并严格规避过敏食物。经过一段时间的饮食调理，辰辰频繁惊醒的现象明显少了，醒来后也很少大哭大闹了，看到孩子的变化，奶奶特别高兴，由衷地感谢老师的关怀和指导。

2. 回应式互动，请家长安心

对于辰辰家长的焦虑情绪，教师在家园沟通时表示，家长的情绪往往会在无形中传递给孩子，当孩子感知到家长对他们过度担忧和紧张时，孩子可能也会感到不安，从而加剧自身的焦虑。教师建议家长可以尝试放松，不反复询问孩子午睡的情况，也不刻意对他的午睡提出要求，尽量营造轻松、温馨的心理环境。

同时，教师对家长的顾虑表示充分的理解，并一一进行了解答，经常和家长分享辰辰在园的照片和趣事，并每天记录辰辰的入睡时间和情况，及时向辰辰的家人分享和沟通辰辰的午睡情况。看到孩子的成长，辰辰家长逐渐放松了心情，辰辰在园也越来越放松和自在了。

3. 个性化照护，让家长暖心

针对辰辰怕黑的问题，教师特地为孩子调整了卧室中床铺的位置，将小床放置在较为明亮的地方，并一直陪伴在他的左右。当辰辰醒来时，一眼就能看到老师温柔的笑脸，渐渐地辰辰能在老师的安抚下慢慢地停止哭闹，继续入睡。老师告诉家长，开灯睡觉不利于幼儿的睡眠，建议家长逐步"戒"掉夜灯，或是将灯光尽量调得暗一些。

对于辰辰不断醒来要上厕所的情况，教师也给予了充分的理解和顺应。睡前，鼓励辰辰自主如厕，营造轻松的心理氛围，告诉辰辰如果想上厕所老师会带他一起去，即便尿床也不要紧；当辰辰中途醒来要求上厕所时，老师会牵着辰辰去试试，告诉他实在尿不出来也没有关系。随着辰辰逐步戒掉尿不湿，午睡中醒来如厕的情况也越来越少出现了。

华东师范大学附属幼儿园　景荟新

午睡不愿脱衣服——引导幼儿脱衣午睡

情境描述

午睡时，为了更舒适，老师准备给大家换睡衣，佑佑哭了起来，不要老师帮她换睡衣："我想穿裙子睡觉，这是妈妈给我穿的。"老师仔细观察了佑佑并对她说："佑佑的裙子真漂亮，但是裙子上硬硬的亮片会让你睡觉时不舒服的。"但佑佑越哭越大声，于是老师把佑佑抱在怀里一边拍一边轻声哼唱歌曲，想先安抚好佑佑的情绪，好一会儿佑佑才安静下来。

这时，老师拿起佑佑的睡衣："佑佑的裙子很漂亮，但是睡觉时可以让老师给你换上睡衣，放好裙子，等起床了再帮你换回裙子好吗？"等了很久佑佑说："我要抱着我的裙子，这是妈妈给我的。"老师一边点头一边答应她："好的，佑佑和裙子一起睡。"佑佑换好睡衣，双手把裙子紧紧抱在怀里。

成因分析

2—3岁幼儿自我意识初步萌发，出现人生第一次"叛逆期"，幼儿自我意识开始建立，出现反抗成人的现象。幼儿常常通过说"不"来显示自己的独立性。

1. 依恋关系

2岁半至3岁是孩子依恋妈妈的关键时期。佑佑抱着脱下的裙子不愿意松手，其实对裙子的依恋是对妈妈的强烈依恋的表现。

2. 个性特点

佑佑性格比较内向，很少说话，不主动表达自己的需求。因为刚上幼儿园，和老师还不太熟悉，在适应过程中缺乏安全感，因此产生了一定的心理压力。在午睡换衣服时她通过哭闹发泄自己的情绪和压力，也由此寻求关注。

3. 生活自理能力不足

2—3岁的幼儿生活自理能力还相对较弱，幼儿虽表现出独立的倾向，但受动作能力发展水平制约，动作仍然不协调，对于自己换衣服的需求缺乏动手的能力。在这种情况下，他们可能会出现不说话、不配合、不信任的行为。

4. 家庭教养特点

佑佑平时由父母或者祖辈哄睡、喂饭，对家人有依赖性，穿脱衣服都由家人代为完成。在家佑佑总是全家的焦点，家人给予她非常多的关注，她不用开口，家人就能清楚地知道她的需求和想法，而幼儿园这个新环境与家里相比有很大区别，佑佑还不适应。

💡 育儿支招

1. 给予幼儿足够的关注和爱，建立信任

首先尊重幼儿，对于动手能力弱的幼儿，可以一边帮他穿衣服一边让他自己尝试，逐步掌握穿脱衣服的方法。对于表达能力比较弱的幼儿，可以多询问他的需求，及时给予反馈。教师注意观察每个幼儿的细节，如是否为急性子、当天穿了什么衣服等，细致主动地询问，通过关爱、引导、微笑、鼓励、表扬等，让幼儿感受到爱从而产生对老师的亲近和信任。

2. 创造宽松的穿脱衣环境，维护幼儿心理安全

可以布置模仿家庭的生活场景，放置幼儿的衣物，让幼儿在温馨的情境下自由探索

"衣服"的秘密。注意不强制幼儿参与活动，尊重幼儿的意愿，给幼儿决定自己行为的机会，同时给幼儿足够的适应时间。

3. 让幼儿自主穿脱衣服，感受幼儿园生活的乐趣

可以带幼儿们认识衣服的袖子、领子、纽扣、拉链，教幼儿区分衣服的正反和里外。在生活区投放娃娃和衣服让大家理一理、**叠一叠**、穿一穿，提升幼儿穿脱衣服的兴趣和能力。午睡起床后可以鼓励幼儿比一比穿衣服的本领，及时积极肯定幼儿；也可以提供与习惯培养、穿衣服有关的绘本，如《衣服山洞，钻出来》《看，脱光光了》《小布穿衣服》《衣服衣服捉迷藏》等给幼儿阅读。

4. 及时给予家庭指导建议，形成教养合力

建议家长多关注幼儿的情感需求，可以在周末多和幼儿进行亲子沟通，工作日每天早上家长上班离开家前要和幼儿沟通好，可以解释一下自己去哪里，多久回来，让幼儿相信家长一定会回来，满足幼儿的小要求，比如讲一个小故事，或者亲一下、拥抱一下，从而建立安全依恋；在家给幼儿提供自主穿脱衣服的机会，使孩子在轻松自在的环境下逐步尝试和进步；幼儿园和家长统一教育要求，步调一致地进行教育和指导。

上海市闵行区实验幼儿园　邵静

做个能干的宝宝——培养幼儿基本自理能力

📋 情境描述

　　在托班娃娃家一角，有一个可供幼儿单脚踩踏的垃圾桶，一旁的挂物架上挂有大小不一、便于幼儿拿取的簸箕和长短不一的扫帚，地上有大大小小的纸团和薄薄的纸片。32 个月大的男孩或霖，走到挂物架前，左手迅速地取下手持迷你簸箕，右手取下迷你扫帚，盯着地上的纸团和纸片，弯下腰，蹲下身，左右手协调配合，先将地上的纸团扫入簸箕，但是没能将薄薄的纸片扫到簸箕里，过了一会儿，只见他用左手将簸箕固定，右手握紧扫帚柄，用扫帚拨动纸片，连续几下直到纸片被扫入簸箕……一会儿，地上的"垃圾"被一一扫进簸箕里。随后，他站起身，转了个方向，走到垃圾桶前停下，伸出右脚用力踩了一下垃圾桶踏板，垃圾桶盖打开后，他将簸箕对准垃圾桶口，将簸箕里的"垃圾"全部倒入，动作非常熟练。

ⓘ 观察分析

1. 个体发展因素

　　或霖能够自主选择适宜的工具，对其功能很熟悉；双手的配合度较好；能完成三个以上连续动作，动作熟练。或霖扫垃圾的整个过程是其经历感知、重复、内化、效仿、成型的经验积累的过程，他愿意多次动手体验和享受成功带来的快乐也引发了其自信等良好品质的养成。

2. 家庭因素

或霖家长有正确的科学育儿理念——相信孩子是有能力的人，相信或霖是一个具有潜能的孩子，既不包办代替，也不直接干预，而是提供机会，放手支持或霖自主发展；或霖家长还发挥了有效的榜样作用，在日常生活中通过自己的言行影响孩子，在潜移默化中培养孩子良好的行为习惯与综合素养，使其终身受益。

3. 教育因素

班级中的环境为幼儿的发展提供了丰富而温馨的环境和适宜的活动机会。如娃娃家的家庭氛围能满足幼儿的合理需求，尤其是实物的提供，如扫帚和簸箕等，让或霖通过观察、模仿、反复练习习得经验。教师和同伴的鼓励，也让或霖获得自信与愉悦的积极反馈。

💡 支持策略

1. 教养融合，为幼儿营造积极氛围，促其自主发展

将行为习惯、良好品质等内容融入托班游戏情节，引导幼儿自发地、充分运用感官去探索与学习，如午餐前帮助生活老师摆放餐具，餐后收拾整理自己的餐桌、碗勺、清洁地板等，起床后自己叠被、整理床铺等，注重培养其初步的生活自理能力和良好的学习品质。

2. 家园共育，为幼儿习得生活经验，促长远发展

陶行知先生曾说过："一切教育必须通过生活才有效。"也就是说将教育元素融于生活，将生活内容游戏化，引发幼儿模仿、体验、感知、发展。教师和家长及时沟通育儿信息，注重双向反馈，将教育机构提供的优质教育资源向家庭延伸，家园一致教育。

在幼儿的成长中，家长和教师应达成共识，建立合作伙伴关系，携手共同解决幼儿的实际问题，如在家、园张贴图示、标签便于幼儿整理归类玩具，建立一一对应的认知关系等。

上海市杨浦区早期教育指导中心　张丽华

衣来伸手，饭来张口——引导幼儿自己的事情自己做

📋 情境描述

　　月龄不小的妞妞在园的所有事情都离不开奶奶。口渴了要奶奶喂水，饿了要奶奶喂饭，连玩具也要奶奶帮忙从橱柜里拿。老师尝试鼓励妞妞自己动手，自己的事情自己做，但是妞妞通常都把脸扭开，并不理会老师，或者用哭来逃避。对此妞妞奶奶和老师沟通时表示，在家里也曾经尝试过让妞妞自己吃饭、穿衣服等，但是每次妞妞都用哭来要赖，妞妞一哭奶奶就妥协，最后是奶奶代替妞妞完成了所有妞妞原本力所能及的事情。

ⓘ 观察分析

"饭来张口,衣来伸手"是2—3岁幼儿入托前的普遍现状。妞妞平时是爷爷奶奶带,由于隔代教养的缘故,奶奶对妞妞十分宠爱,妞妞只要"张张嘴"就能"指挥"爷爷奶奶。所以当妞妞在幼儿园里,老师让妞妞"自己的事情自己做"时,妞妞是不理解的,不明白为什么上了幼儿园以后,就需要"自己的事情自己做"。如果放任这种现象,就可能造成孩子认为上幼儿园、长大等事情都是不美好的,从而产生排斥和抗拒的心理。自理能力的培养和规则的建立是需要教师和家长的专业引领与帮助的。

💡 支持策略

1. 让家长改变观念,相信孩子可以"自己来"

《托育机构保育指导大纲(试行)》中强调幼儿要参与劳动,同时指出由于2—3岁幼儿生活自理能力差,托班的劳动教育主要以"自我服务"为主。同时2—3岁幼儿的自我意识逐渐萌芽,能在自我服务的过程中增强自主能力,提高自我效能感,缓解由新环境引发的紧张感。

幼儿园可以通过每周一次的家长会以及半日活动中的随机教育,让家长理解并看到2—3岁幼儿可以"自己的事情自己做"。如,在马桶上安装卡通冲水按钮,幼儿自己完成冲水;在坐便器旁边安装呼叫铃,幼儿有需要时可以向老师发出求助。

又如，让幼儿在执勤教师的陪伴下自己独立晨检，把自己的物品放进小柜子里，再进班级。任务达成后，教师及时表扬鼓励，这能让幼儿的自信心大增，同时家长也能看到孩子的变化与成长，并渐渐放心，愿意和幼儿园协同一致。

2. 以游戏形式在家中培养幼儿自我服务的能力

建议家长以游戏的方式在家中给幼儿提供自我服务的机会，让幼儿在游戏中学习与劳动。如，在收拾整理玩具时，可以设计游戏"玩具找家"来教幼儿收拾整理玩具；在家中可以让孩子当老师，教爸爸、妈妈洗手等。根据2—3岁幼儿思维具体形象的特点，可以将一些生活自我服务技巧编成儿歌，将生活技能的学习融入儿歌中，如穿套头衫时可以让孩子找到套头衫领口的"大洞洞"，穿裤子时可以将孩子的脚比喻成火车头，穿裤子的过程就是"两列小火车钻山洞"，将劳动过程游戏化，提升幼儿积极性。

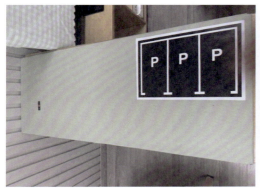

3. 鼓励为主，奖励为辅，激发幼儿愿意"自己来"

孩子刚开始自己动手做时，往往做得很慢，有时甚至"闯祸"，把家里搞得乱糟糟，这时候家长千万不能因此就不让孩子动手，而是要示范正确的动作，耐心教他们怎样做，鼓励孩子坚持、养成良好习惯。其次家长可设计"小能手在家情况记录表"，记录孩子在家独立生活及劳动的情况，如完全独立完成的项目打"√"，有时独立完成的打"△"，常需成人帮助完成的打"×"，自己不能独立完成的则留空白，家长可以和孩子一起数数表中有多少个"√"，累积满一定数量可以奖励孩子达成一个心愿。

上海市黄浦区奥林幼儿园　郁卉

不爱吃饭——引导幼儿愿意自主进餐

情境描述

午餐时，大家纷纷坐在小椅子上等待开饭，小年糕却愁眉苦脸地藏在娃娃家不肯出来，作为新入园的幼儿，和这么多不熟悉的同伴们一起吃饭让她感到有些不安。

在教师的引导下，小年糕终于坐到了餐桌前，但脸上满是拒绝和抵触，并用双手把自己环抱起来，不愿意触碰餐具，也不肯尝试进餐。教师尝试给她喂饭，但是，每当饭菜递到面前，小年糕就会捂住嘴巴，脑袋转向另一侧，甚至用哭闹的方式来表示自己的抗议，最后反应激烈地跑开，离开进餐区。

成因分析

1. 生理因素

幼儿的味觉、嗅觉和消化系统可能对某些食物有天然的偏好或排斥，这会造成幼儿对食物的偏好，从而影响其用餐行为。

2. 心理因素

2—3岁的幼儿正处于自我意识快速发展的时期，对于环境的改变非常敏感。小年糕仍处于入园适应阶段，在幼儿园这个全新的环境中，需要面对场地、规则、人际关系等多重因素的变化，她感到紧张、不安，食欲也可能受到影响；此外，两岁半的小年糕还处于早期发展阶段，精细动作的发展还不太完善，尚不能很好地用手抓握餐具。

3. 家庭因素

小年糕的主要养育人是奶奶，奶奶更关注用餐过程中的积极情绪，认为小年糕吃得开心、吃得好、吃得多最重要，对于用餐习惯几乎无要求或限制。因此，存在一边玩玩具一边吃、一边看电视一边吃、追着哄着喂饭等不良的用餐习惯。除此以外，家长一边看手机一边吃饭的不良示范，也让小年糕潜意识中认为吃饭和游戏可以同时进行，对自主用餐的习惯培养和专注力发展产生了很大负面影响。

 支持策略

1. 评估进餐问题行为，纠正进餐习惯

教师全面追踪观察并深度评估，整理出了小年糕个性化的进餐问题行为特征表；随后基于行为特征表，提炼了六大典型进餐行为指标，形成进餐情况（半定量）记录表，以量化数据的形式直观呈现进餐中的问题。随后就当日在园进餐情况向小年糕的奶奶进行了反馈，同时了解幼儿在家时的进餐行为表现，并就奶奶提出的问题进行沟通并支招。如："小年糕在家吃饭时总是剩很多菜，可以定时定点用餐，避免餐前吃过多零食影响正餐。"

问题聚焦：发现个性化进餐问题行为

评价内容	情况描述
进餐意愿	拒食、哭闹现象严重
餐具握持	无法独立握持餐具，需要成人辅助
进餐坐姿	翘脚、趴桌，甚至离开座位
非惯用手扶持碗具	在成人提醒下可扶碗，但不持久
自主进餐	罕见自主进餐
进餐习惯	不讲话，频繁拨弄食物，注意力不集中，需频繁纠正
食物选择	挑食严重，会吐出食物，洒落食物严重，剩饭剩菜多
进餐速度	用时远高于平均水平

小年糕进餐情况（半定量）记录表

在阶段性回访过程中，参照本班同龄幼儿发展水平，告诉奶奶正确的用餐习惯培养理念，让奶奶对"让小年糕习惯自己好好吃"这件事达成共识，并鼓励爸爸妈妈在用餐习惯方面做出良好的示范作用，让小年糕逐步从"在餐桌前坐一段时间""会拿起勺子吃"到"愿意试着自己吃"，逐渐培养良好的用餐习惯。

2. 创设爱心进餐区角，激发用餐兴趣

考虑到小年糕进餐时的不安情绪，为了保障她能有初步安全感和满足感等情绪体验，教师向奶奶收集小年糕的照片以及喜欢的玩具，基于环境行为理论创设爱心区角，营造亲切而舒适的氛围，增强小年糕对幼儿园餐桌的依恋感，初步激发小年糕的进餐意愿，让她慢慢愿意在幼儿园里用餐。

3. 互换共享家园餐具，循序提升进餐意愿

把幼儿园与家中的餐具互换，增强幼儿园与家之间的联系，缓解小年糕的适应压力。小年糕不仅愿意在幼儿园试着自己用餐，还提升了使用餐具的技能，根据奶奶的反馈，小年糕会主动地要求使用勺子，并对自己能吃完一碗饭、一盘菜非常满意，在自主性和自信心上有显著进步。

4. 亲身体验种植，激发用餐积极性

在日常生活中，教师带着小年糕到小菜园，看一看、摸一摸、闻一闻常见的蔬菜，感受不同蔬菜在颜色（绿色/白色/紫色）、触感（光滑/粗糙）、气味（强烈/清香）等方面的特点，并带着小年糕记录樱桃萝卜的成长日记，观察种子变成萝卜的生长过程。

在家庭亲子互动中，请爸爸妈妈将幼儿园的活动延伸到家庭日常生活中，保持教养一致性，如鼓励爸爸妈妈带着小年糕给菜地里的菜浇水，让小年糕在照顾蔬菜的过程中熟悉蔬菜。

5. 提供用餐积极示范，鼓励幼儿模仿自主进餐

在进餐时间，教师邀请小年糕前往小班的教室，观摩哥哥姐姐们是如何进餐的，并和哥哥姐姐们坐在一起用餐，观察哥哥姐姐们文明用餐、不挑食偏食的具体行为，学习在小椅子上坐稳，培养安静、专注、大口进食的用餐习惯。小年糕也愿意模仿哥哥姐姐们尝试吃各种食物，不挑食。

经过家园共育实践，终于有一天，奶奶非常骄傲地向教师展示小年糕自己在家吃饭的视频，并表扬她已经愿意自己用勺子一口饭、一口菜大口大口吃！在追踪过程中，小年糕的饮食记录评分也提升至平均 4.5 分（满分 5 分），自主进餐的意愿和能力都有了显著提高。

小年糕进餐情况（半定量）记录表

	进餐意愿	进餐坐姿	进餐动作	扶碗动作	进餐习惯	进餐速度
评分细则	1. 非规律进食（甚至哭闹、拒食）； 2. 不稳定进食（进食存在变化性，挑食）； 3. 部分规律进食（一定规律性，偶尔挑食）； 4. 相对规律进食（有明确进食时间概念，不挑食）； 5. 规律进食（积极尝试新食物）	1. 不稳定坐姿（不坐，扭动，摇晃）； 2. 不良坐姿（翘脚，趴桌，甚至不稳定）； 3. 部分良好坐姿（坐姿不端正，但基本稳定，仍有不良）； 4. 相对良好坐姿（坐姿基本端正，偶有不良但不明显）； 5. 良好坐姿	1. 完全不会握持； 2. 非独立握持； 3. 基本握持（可以握持但送不进嘴里）； 4. 熟练握持（可以送餐入嘴）； 5. 独立握持（准确送入）	1. 无非惯用手扶握碗具； 2. 偶尔非惯用手扶握碗具（不持续）； 3. 有限非惯用手扶握（可持续，但不协调，需要指导）； 4. 较稳定的非惯用手扶握碗具（可持续，协调，偶尔需要指导）； 5. 熟练非惯用手扶握碗具（无需指导）	1. 不良进食习惯（注意力不集中，难以纠正）； 2. 基本进食习惯（注意力不集中，纠正后可停止，但频繁反复）； 3. 一般进食习惯（注意力不集中，纠正后可停止，偶有反复）； 4. 良好进食习惯（偶尔注意力不集中，经提醒可停止）； 5. 优秀进食习惯（注意力集中）	1. 进食速度慢，严重进食洒落，有剩饭剩菜； 2. 进食速度慢，严重进食洒落，少量剩饭剩菜； 3. 进食速度偏慢，少量进食洒落，无剩饭剩菜； 4. 进食速度偏慢，偶有进食洒落，无剩饭剩菜； 5. 进食速度正常，偶有进食洒落，无剩饭剩菜

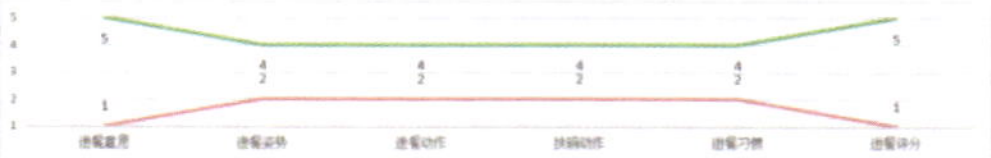

上海市闵行区莘庄幼儿园　朱筱箐

上海市普陀区早期教育指导中心　黄琼

不会用勺子——培养幼儿用勺进餐自理能力

📋 情境描述

中午进餐的时间到了，木木用勺子舀了几口饭后，便伸出手抓着饭和肉放进自己的嘴巴里。老师提醒木木用手拿小勺子舀饭和菜。木木说："我知道啦！"说完木木一只手手心朝上握住小勺子，舀起一点饭菜送进了嘴巴里。舀了几勺饭菜后，木木放下勺子，又用手抓起了饭菜，一会儿把菜放在手里揉，一会儿抓住菜往脸上抹。老师发现后拿起小勺子示范给木木看如何正确使用勺子："木木，我们长大啦，要用小勺子吃饭哦！"木木头一扭，用手推开勺子说："我吃饱了。"

老师向家长沟通木木进餐时不用小勺子而是用手抓饭的情况，询问木木在家中吃饭的情况如何，木木妈妈连连点头："是的是的，木木在家里吃饭也不喜欢用勺子。怎么做能让他快点学会用勺子吃饭？"

ⓘ 观察分析

一般来说，2—3 岁的幼儿能做到一只手捧碗一只手拿勺子独立进食。然而木木选择用手抓饭而不是使用勺子。原因可能如下：

1. 手的触感探索

木木此时正处于手部触感发展的敏感期，这是幼儿探索周围环境、自我发展的重要阶段。在这个阶段，幼儿更愿意通过手来感知和探索食物，而不是使用工具。

2. 精细动作发展欠佳

木木在使用勺子时难以将食物舀进勺子里或将勺子送到嘴边，因此常用另外一只手把饭抓起来放在勺子上。在送到嘴里的过程中，由于抓握勺子的姿势不正确，饭菜经常会从勺子里掉下来，他难以控制勺子并将食物准确地送入口中。木木可能在精细动作方面发展较慢，导致使用勺子不能顺利进餐而感到受挫。

3. 缺乏规范引导

由于木木爷爷陪伴他的时间较多，爸爸妈妈的工作较忙，两代人的教育方式可能存在不一致，导致木木没有得到一致的规范引导。在家庭环境中缺乏对于正确进餐方式的明确规定和示范，使得木木没有形成正确的进食习惯。

一、日常渗透，寓教于乐

1. 创设童趣的游戏环境，激发幼儿使用勺子的兴趣

可以在班级内开展一些活动，通过游戏来帮助幼儿逐步接受新的习惯。教师在生活区设置了一个名为"喂喂小狮子"的游戏区域，这个角落里摆放了各种装饰着卡通图案的彩色勺子、仿真食物、小绒球，以及一只张大嘴巴等待吃饭的"小狮子"。

教师鼓励木木用勺子给狮子喂饭。每次木木喂完小狮子，教师都鼓励他吃饭的时候也要使用小勺子。渐渐地，木木在中午进餐的时候会主动握住小勺子并对教师说："要用勺子吃饭的！"

2. 开展有趣的小集体活动，指导幼儿正确使用勺子

可以设计一系列关于使用勺子的活动。如，创设主题活动"如何使用勺子""小小厨师"或"餐桌礼仪游戏"，可以是角色扮演，装扮成厨师或者创设用餐情境；还可以选择与使用勺子进食相关的故事或者绘本，在讲故事时，教师示范如何正确握勺子，并鼓励幼儿一起模仿，再配上有趣的儿歌"小小手，真灵巧，三根手指捏小勺，慢慢送，轻轻舀"，创造积极的活动氛围增强幼儿的参与度。

二、家园合作，健康成长

1. 建议家长达成教育一致

建议父母和祖辈应当达成一致，让木木自主进餐。在进餐过程中家长可以暂时不制止木木"抓饭"的行为，在家中提供给木木更多其他触感的玩具，如摸上去坚硬的、柔软的、粗糙的、细腻的各种玩具，丰富手的触觉。

2. 鼓励幼儿用小勺子吃饭

当幼儿愿意用小勺子吃饭时，家长可以选择一些关于正确使用小勺子的绘本，与幼儿一起阅读，同时向幼儿示范如何正确使用勺子。当幼儿尝试模仿时，及时给予积极的反馈和肯定。在阅读后，可以与孩子讨论故事情节，也可以在家设计有趣的游戏，如让幼儿用小勺子喂养他们的玩具或宠物，锻炼幼儿使用勺子的技能，激发他们的想象力和责任感。

上海市黄浦区荷花池幼儿园　　刘芳

什么都往嘴里放——帮助幼儿改正吃异物的习惯

📋 情境描述

户外活动时，幼儿在操场上游戏。此时，小马一个人坐在操场的角落，背对着所有人，似乎在专注地做着某件事情。老师立刻走上前，只见他的嘴巴鼓鼓的，似乎在咀嚼什么东西。老师询问道："小马，你在吃什么?"小马看着老师，不说话，继续咀嚼。老师让他张开嘴，发现他的嘴里有一块木屑，已经被咬碎了。老师立刻帮助他清理口腔。

过了几天，早晨来园时，泰泰突然大声地说："小马在吃橡皮泥!"老师立刻跑到小马的身边，看到小马的手里拿着一块橡皮泥，嘴巴不停地咀嚼。老师立刻询问小马，小马不愿回答，跑到了教室的另一个角落。老师发现他的嘴里有一小块橡皮泥，立刻帮他清理并漱口。

自由游戏时，老师找来了各种物品放在桌子上，请小马辨别哪些是食物、哪些不是食物。小马能正确区分，于是老师请小马说一说如果吃了不是食物的东西会发生什么后果。小马轻声地告诉老师："这些东西吃到肚子里会生病。"小马父母表示在家有时也会发生这样的情况。

ⓘ 观察分析

小马吃异物的可能原因如下:

1. 在口欲期没有得到充分满足

婴儿出生后 0 到 18 个月是口腔期，也称为"口欲期"，在此期间，婴儿喜欢用嘴探索事物。这是生长发育过程中的正常需求，是婴幼儿感知世界、认识事物的重要阶段。但小马的月龄已超过 36 个月，过了正常的口欲期，有可能是小马在正常的口欲期，家长不停地阻止他用嘴巴探索，这会导致他认为成人是在和他做游戏，反而更加有兴趣地把东西往嘴里送。家长如果总是拿走婴幼儿放到嘴里的东西或不停地说"不准吃"，这会无形中强化婴幼儿的口欲期反应。

2. 与视觉、手和口的触觉敏感期有关

在视觉敏感期，幼儿希望通过近距离观察物体来更清晰地认识世界；在手的敏感期，他们开始使用手来探索和抓取物体；而在口的敏感期，他们则通过嘴巴来感知和体验物体的属性和特点。在几个方面综合作用下，幼儿会倾向于把物体放进嘴里近距离探索。

3. 缺乏营养元素

营养元素的缺乏也可能导致幼儿出现乱吃东西的行为。如，缺乏钙、锌或铁等元素可能会影响正常生长发育，导致出现生长缓慢、头发和皮肤发黄等症状。在这种情况下，幼儿可能会出现吃非食物的物品来补充身体所需的营养元素。

4. 模仿其他人的行为

幼儿的模仿能力较强，他们可能会模仿家长或其他人的行为，包括吃东西。如果家长有把非食用物品放入口中啃咬的习惯，幼儿看到后也会进行模仿。因此，家长在日常生活中也应注意自己的言行举止。

 支持策略

1. 耐心看护与必要制止

对处于口欲期或者长牙期的幼儿，需要耐心看护，如果发现幼儿将非食物的物品塞入嘴中，要及时制止，防止误咽、误呛，不然可能会有窒息的风险。另外，可以给幼儿提供

磨牙棒类的食物，让他咬一咬，满足啃咬的需求。

2. 补充营养

可以请家长带幼儿前往医院做微量元素检测，并在医生的指导下补充相应的营养。对于6个月以上的孩子，可以适当添加辅食以满足营养需求。

3. 引导教育

通过阅读绘本等引导幼儿模仿正确的行为，避免将不适当的物品放入口中。如，可提供绘本《这个不能吃》，告诉幼儿哪些东西是不能吃的，进行安全自护教育；或《肚子里有个火车站》，帮助幼儿认识自己的消化系统，鼓励他们养成健康饮食的习惯。

4. 环境管理

尽量将有危险隐患或幼儿喜欢咬的物品放在他们够不到的地方，以减少他们接触和放入嘴里的机会。

5. 观察与咨询

如果幼儿的异食行为持续存在且伴随其他异常表现，如注意力不集中、活动过度等，建议咨询专业医生或儿童心理学家，以排除异食症、多动症或其他潜在问题。

总而言之，教养者需要综合考虑幼儿的生理和心理需求，采取耐心、科学的方法引导他们形成正确的行为习惯。同时，也要关注他们的营养状况、模仿行为、情绪和需求，及时发现问题并进行干预。如果这种行为持续存在或加重，建议及时寻求专业人士的帮助。

上海市徐汇区乌鲁木齐南路幼儿园　金彦

频繁吮吸手指——培养幼儿不吮手指的卫生习惯

📋 情境描述

午睡时教室里静悄悄的，突然，角落传来断断续续的异样响声。教师发现这个声音是熟睡中的琪琪吮吸手指所致。教师悄悄地把手指拔出来，没想到只一转身的工夫，呼呼大睡的她又将手指塞回嘴里。

自由活动时，有小朋友大喊："老师，琪琪又吃手了！"这时她就把手指从嘴里拿出来，不一会儿又偷偷将手指放进嘴里。

ⓘ 观察分析

2—3岁幼儿吮吸手指是一个比较常见的问题，原因可能如下：

1. 生理原因

弗洛伊德人格发展理论中指出口唇期，是人类发展的第一个阶段。在这个阶段的幼儿主要依靠口腔活动来满足自己的需求，比如吸吮、咬、舔等。这些口腔活动可以帮助幼儿获得快感和安全感，同时也是探索和认知世界的一种方式。

口唇期通常出现于从出生到一岁半，之后会慢慢结束。但也存在差异，有的幼儿口唇期比较早，出生后就可能出现吃手指行为；有的幼儿比较晚，结束延迟到约两周岁。

2. 心理原因

幼儿入园初期，面对环境和生活习惯的改变，一时间难以适应，从而产生紧张、不安、焦虑等情绪。吸吮手指是幼儿为了适应新环境或缓解心理压力，不经意表现出现的情绪调节应激行为，可以帮助幼儿达到放松或自我安慰的效果。

3. 模仿行为

2—3岁幼儿处于模仿敏感期，模仿行为的出现，标志着自我意识萌芽，是幼儿迈向独立的重要标记。2—3岁幼儿会积极模仿他人的行为，包括语言。日常生活中幼儿看到过吮吸手指的行为，从而学习模仿。

支持策略

1. 耳濡目染式熏陶，让幼儿了解吮吸手指的危害

2岁的幼儿正处于直观形象思维阶段，可以通过耐心解释、阅读绘本（如《我不再吃手了》《今天开始不吃手》）等方式，帮助幼儿直观了解习惯性吮吸手指的危害。如，找牙科医生给幼儿讲解身边的真实故事，或阅读相关绘本，让琪琪明白吮吸手指的危害。

2. 安抚幼儿情绪，尽量消除"紧张源"

（1）心理安抚：每天午睡时教师可陪在琪琪旁边，轻轻握住她平时爱吮吸的那只手，直到她睡着才离开。

（2）音乐安抚：音乐可以舒缓情绪，让身体放松，有利于睡眠。在条件允许的情况下，可适当播放一些轻柔、舒缓的催眠曲，帮助琪琪释放压力，安心入眠。

（3）实物安抚：托班入园初期，对于有严重分离焦虑的幼儿，为了安抚情绪，一般会允许携带熟悉或喜欢的玩具等物品来园。请琪琪尽量带柔软的、易清洗的物品，如毛绒玩具、抱枕、小毛巾等，不要带尖锐、有棱角或者容易被吞咽的物品。

3. 丰富幼儿生活，转移、分散幼儿注意力，淡化不良行为习惯

丰富生活方式，给予琪琪更多关爱。如，多和琪琪聊天，陪她到户外的大自然中走走，鼓励琪琪与同伴一起做游戏，认识更多新朋友。体育活动和各种丰富多彩的绘画、表演活动，也有利于幼儿宣泄情绪、减轻压力，进而减少吃手的行为。

4. 表扬鼓励，正面强化，重塑幼儿正确行为

（1）表扬法：如琪琪午睡时没有吮吸手指，可以给琪琪一个大大的拥抱，或在集体面前公开表扬。通过表扬，让幼儿在每次改正错误的过程中都充满积极向上的体验。

（2）奖励法：可以与琪琪约定，如，每天睡觉不吮吸手指就可以得到 1 张星星贴纸，集满 10 张或者 20 张就可以换一个小礼物。

上海市黄浦区早期教育指导中心　陶莹

只吃拌饭——培养幼儿良好进餐习惯

情境描述

午餐时，乐乐像往常一样拿起勺子扒拉了几下米饭，就放下了勺子。老师鼓励乐乐："今天的菜好香呀，有虾仁炒蛋、肉末菌菇和豆腐汤，乐乐快尝尝好不好吃。"乐乐听了仍然没有拿起勺子，而是对老师说："要拌。"于是老师把饭菜都拌好，鼓励乐乐："大口吃。"乐乐把混有汤汁的米饭和其他菜吃完了，而菌菇都被她拨到了一旁。

观察分析

可以看出乐乐的咀嚼吞咽功能比较弱，在进食过程中，只有老师帮忙把饭和菜都拌在一起，她才愿意吃。乐乐口腔的敏感度也较高，如果拌进饭里的菜中有需要充分咀嚼才能吞咽的食材，她会单独挑出来或者直接拒绝吃。

由于拌饭中有汤汁比较润滑，容易吞咽，常常没有经过充分咀嚼就吞下去了，所以乐乐的积食问题比较严重，牙齿也长期得不到咀嚼锻炼。教师与家长沟通后得知，乐乐在家中吃饭时，家里人通常将饭菜盛在一个碗里提前拌好，而且乐乐家中每餐至少有一个菜是红烧的烹饪方式，乐乐喜欢用红烧汤汁拌饭和菜。所以乐乐对于幼儿园里饭菜分开，使用餐盘进餐的模式非常不习惯。此外，幼儿园的餐食口味较清淡，不能保证每餐都有红烧汤汁。因此，乐乐进餐积极性不高。

💡 支持策略

1. 结合游戏"喂小兔吃饭"，鼓励幼儿说说食物原本的味道

教师将午餐中的食材图片打印下来做成小卡片，带着乐乐来到了教室里的"小兔喂食"学具前，并告诉乐乐小兔肚子饿了，现在可以喂它吃饭，一次喂一种食物，并且说说它们的味道。

教师拿起一张鸡蛋卡片，放进小兔的嘴里，并说："小兔吃鸡蛋，鸡蛋是香香的。乐乐中午吃了什么菜呀？"乐乐拿起秋葵卡片，放进了小兔的嘴里，说："小兔吃秋葵，秋葵像小星星。"教师又说："小兔还没吃饱呢，乐乐中午是不是还吃了豆芽呀？能不能也喂给小兔吃呀？"乐乐又拿起了豆芽卡片，一边放进小兔嘴里一边说："小兔吃豆芽，豆芽脆脆的。"教师立刻表扬乐乐："太好了，小兔这下吃饱了，谢谢乐乐，明天还请乐乐来喂小兔吃饭好吗？"乐乐高兴地点点头。

第二天中午，乐乐又玩了"喂小兔吃饭"的游戏，比起前一天，乐乐更加主动了，拿起了豆腐卡片喂小兔，嘴里说着："小兔吃豆腐，豆腐软软的。"又拿起了洋葱卡片，一边喂一边说："小兔吃洋葱，洋葱甜甜的。"

2. 餐前介绍菜谱，了解食材名称，鼓励幼儿单独品尝

每天午餐前，教师会利用5分钟的时间和孩子们一起分享当天的菜谱，了解每道菜里都有哪些食材，还会让孩子们说一说每种食材的口味和颜色等，比如番茄炒蛋里有酸酸的番茄和黄黄的鸡蛋，藕是脆脆的，玉米粒是小小的、甜甜的……

有一次，教师给孩子们介绍秋葵炒蛋，将切成段的秋葵形容成一个一个的五角星，一下子吸引了乐乐的注意，她指着秋葵说："小星星。"进餐时，教师鼓励幼儿找一找小星星，并且尝一尝星星是什么味道的，乐乐拿着小勺子，舀起秋葵笑眯眯地说："小星星。"教师鼓励乐乐尝一尝小星星的滋味，问道："乐乐，如果把小星星和别的菜一起吃，你还能尝出小星星的味道吗？"乐乐摇摇头，我接着说："对呀，每次吃一种菜，就能知道它们的味道啦。"教师继续鼓励乐乐单独尝尝豆芽的味道，乐乐挑起一根豆芽尝了尝，说豆芽是脆脆的。

3. 利用榜样作用，及时鼓励

班里有一名幼儿，平时吃饭无须提醒，能够自主光盘，进餐习惯也相对良好，为了起到榜样作用，教师将乐乐的位置调换至该幼儿对面。幼儿生性好模仿，同伴的示范能够引起乐乐的注意力和模仿兴趣，调动分餐的积极性，在潜移默化中逐渐改变自己的进餐模式，从只愿意吃拌饭过渡到愿意尝试饭菜分开，最终养成一口菜、一口饭的好习惯。此外，通过家园沟通得知，幼儿家里还有一个姐姐，但由于作息时间不一致，两人并不一起吃饭，妹妹比姐姐稍早，于是我建议妈妈调整家里的用餐时间，尽量让姐妹两人一起吃饭，让姐姐成为家里的小榜样，激励乐乐学习姐姐的进餐模式，做到家园同步。

4. 循序渐进调整幼儿进餐模式，切勿心急

乐乐的进餐问题不是一日造成的，将饭菜拌在一起吃是她在家中形成的进餐习惯，所以也无法在短期内有显著的改善效果，无论是老师还是家长，都要将心态放平和，在这个过程中逐步地改变乐乐只吃拌饭的习惯。

在乐乐愿意尝试单独吃菜后，教师和乐乐商量，每天午餐时留一小部分米饭和菜试着单独吃，最初，乐乐会将拌饭吃完之后，用勺子拨动白米饭，在多次鼓励下吃上一小口便作罢。时间长了，能吃上好几口，最终几乎都能吃完。看到了乐乐这么大的进步，教师开始逐步减少拌饭频率了，从每周五天吃拌饭转变为四天拌饭一天分餐，继而三天、两天、一天，最终过渡到可以不吃拌饭，完全接受分餐。当然，在这个过程中，教师时刻关注乐乐的适应情况，一旦出现抵触情绪或特殊情况，就及时安抚和鼓励，尽力营造出一个宽松的氛围，让乐乐提升自信心，让乐乐感受到所提出的每一个要求都不是难以做到的。

有一次，乐乐生病请了三天假，当她回归幼儿园的那一天食欲也不太好，教师看着她坐在餐桌边，兴趣不高的样子，意识到当天也许不是改变的好时机，对乐乐说："乐乐，

妈妈说你今天胃口不太好，所以今天老师还是把饭帮你拌一拌吃，等明天乐乐的精神好一点了，我们再试着把饭和菜分开吃，好吗?"乐乐开心地点点头，说："明天不拌。"

5. 家园同步，共同培养

（1）改变家里进餐模式，家园同步

单靠幼儿园来改变乐乐的进餐习惯是远远不够的，必须做到家园同步才能收获预期效果。首先，建议乐乐家里将餐具变更为和幼儿园一致的分格餐盘，并且每个餐格里盛放不同品种的菜，真正做到饭菜分离，并对乐乐提出和在园时一致的要求：一口饭，一口菜。其次，将乐乐在幼儿园的进餐情况及时向乐乐妈妈反馈，如乐乐有进步，也请妈妈及时表扬巩固，如乐乐有情绪，妈妈也可在家进行安抚和鼓励，让乐乐获得充分的安全感和满足感，做到家园同频。

（2）幼儿自主选择食材搭配

教师将幼儿园的每周菜谱转发给乐乐妈妈，让她也了解乐乐每天在园的饮食结构和食材搭配，建议在家也可以模仿园方菜谱，烧制同类型的菜给乐乐吃，同时，可以延续幼儿园的沟通模式，和乐乐多聊聊餐桌上是什么菜，里面有哪些食材，味道如何等，鼓励乐乐在家也单独品尝并说说它们的味道，第二天还可以来园分享，以此激励乐乐的积极性。除此之外，也建议家里给乐乐一些自主权，在一定的范围内让乐乐进行食材的搭配或决定烹饪方式，这样也能在一定程度上激励乐乐的进餐积极性，改善只吃拌饭的问题。

经过了两个月的时间，乐乐在园午餐的情况有了很大的好转，从最初的只愿意吃拌饭逐渐习惯以饭菜分开的形式进餐了。

和妈妈沟通得知，爸爸妈妈特意让乐乐挑选了她喜欢的汽车餐盘，乐乐收到后非常高兴，表示要和在幼儿园里一样把饭和菜分开盛。妈妈反馈乐乐只有偶尔几次和外婆撒娇要拌饭，其余时间都能够主动接受饭菜分开了。妈妈甚至还模仿幼儿园的菜谱，制作了一张家庭菜谱，空闲的时间会和乐乐说说吃了什么，它们是什么味道，对我们的身体有什么好处。此外，家里还准备了不少关于食物的绘本故事，会利用乐乐餐前和睡前的时间亲子共读。

　　乐乐获得如此大的转变得益于家园高度配合，也和循序渐进的教育策略息息相关。每个孩子在成长的过程中都会遇到一些困难和挫折，但他们终将会按照自己的步程和节奏前行，作为教育者，一定要对孩子有包容心和耐心，少一些苛责，多一些鼓励和支持，让孩子在自己的节奏中茁壮地成长。

上海市浦东新区东方幼儿园　徐佳妮

肥胖宝宝——提供个性化的饮食方案

📋 情境描述

　　睿睿2岁半，刚进托班时胖嘟嘟的，被诊断为中度肥胖。睿睿的胃口很好，每天中午吃午餐时，他总是第一个进餐厅，进餐速度很快。但睿睿也很偏食、挑食，他会把自己不喜欢吃的蔬菜和豆制品挑出来。在户外活动时，睿睿不爱动。平时在家也不爱动，喜欢坐着看动画片。每天放学时，睿睿奶奶也会带上零食给睿睿吃，如蛋糕、饼干、薯条等，因为奶奶担心他在幼儿园吃不饱。睿睿晚上在家也经常吃外卖。

ⓘ 观察分析

1. 家庭环境因素

　　睿睿家的喂养方式不合理，睿睿喜欢吃什么，奶奶就给他买什么。家长的营养与健康意识薄弱，加上过分宠溺，使睿睿在托班时就已经被诊断为中度肥胖。

2. 幼儿行为习惯

（1）不良日常饮食习惯

　　睿睿进餐速度太快，一顿午餐只用了十分钟。没有充分咀嚼就把食物咽下去，没有饱腹感。大脑没有接收到吃饱的信息，人就容易越吃越多。且睿睿有偏食的不良饮食习惯，这会导致营养摄入不均衡，缺乏一些营养元素，如缺乏 B 族维生素（可能导致肥胖）。

（2）不爱运动、缺乏锻炼

睿睿在幼儿园不爱运动，喜欢站在一边看热闹，在家时也是喜欢坐着看电子产品。运动的缺乏导致体内多余的热量消耗不掉，转变成脂肪，日积月累就会形成肥胖。

三、支持策略

1. 家园沟通，达成共识

（1）多沟通，引导家长形成科学育儿理念

通过与家长面对面沟通、开设讲座、提供专家咨询、开设家长沙龙、建指导群等多种形式，向家长宣传肥胖的危害性，分析肥胖形成的原因等，引发家长关注与重视，逐步解决过分宠溺、不合理的喂养模式等问题。

（2）达成共识，形成育儿统一口径

在肥胖儿童矫治的过程中，家长与幼儿园之间，祖辈家长与父辈家长之间，要达成共识。如，在睿睿的饮食安排、饮食习惯、零食的调整上，家园要统一做法、统一要求，共同实施睿睿的肥胖矫治方案。

（3）建立个案，进行持续有效矫治

幼儿园根据睿睿的具体情况，为其建立肥胖儿童矫治个案，制定有针对性的矫治措施，每隔一段时间为幼儿进行身高、体重的测量、评价，并第一时间与家长进行沟通，交流幼儿在家、在园的生活、饮食、运动等各方面的情况，总结幼儿近期的变化与成长，为下个阶段的矫治实施制定有效跟进措施。

2. 家园共育，专业指导

（1）膳食干预，均衡营养

控制睿睿对高脂肪、高糖食品的摄入量，保障每餐正常的饮食量和营养均衡，要满足幼儿生长发育的需要。改变进餐顺序，进餐时让睿睿先喝汤，再吃主食和菜，避免摄入过多的主食、荤菜。若睿睿没吃饱，可以补充热能低的食物，如含膳食纤维多的蔬菜，茭白、萝卜、莴苣、冬瓜等。

给睿睿家长推荐"交通灯"饮食干预方案：将日常的饮食分为三类，"绿色食物"是指低能量、高营养的食物，如蔬菜，可经常给睿睿吃；"黄色食物"是指中等能量的食物，如谷类、煎炒的肉类等，可适度食用；"红色食物"是指高能量、低营养的食物，如高脂、高糖的精加工食物，应节制食用。

（2）行为干预，矫正习惯

让睿睿减慢进餐速度，多咀嚼，每口食物多咀嚼几次再咽下，同时纠正挑食偏食的饮食习惯；让睿睿在幼儿园植物角和同伴们一起种植、观察、采摘蔬菜；让大厨进课堂现场烹饪蔬菜和豆制品，引导幼儿们观摩、品尝；让睿睿从一开始的排斥蔬菜到慢慢接受蔬菜。

（3）运动干预，促进消耗

针对睿睿平时不爱运动的情况，幼儿园在每日户外两小时的活动中，为睿睿佩戴运动手环，随时监测睿睿的心率、呼吸，了解运动量和强度。吸引睿睿参加运动活动，初期运动时间可为 10 分钟，运动中的心率保持在 130—160 次/分钟，以不感到过度疲劳为宜。同时，建议家长经常带孩子去户外开展亲子运动。

（4）心理干预，增强自信

在日常生活中教师和家长要多关注、多鼓励、多认可肥胖幼儿，不能差别对待。如在户外运动时邀请一起参加游戏；在收纳玩具时，让他做教师的小帮手帮忙整理教具，让肥胖幼儿增强自信心。

上海市杨浦区早期教育指导中心　王英姿

不爱喝水——培养幼儿自主喝水的生活习惯

📋 情境描述

老师对麦麦说："我们一起喝点水好吗?""我不要!"麦麦立刻走开。老师端着水杯迎上去："我们喝一小口!喝完老师奖励你一个小贴纸吧!"麦麦哭了："我要吸管,要吸管!不要杯子。"有了吸管后,麦麦小口小口地喝起来。

第二天,麦麦入园后依旧没有主动喝水。老师说："麦麦,我们来喝一点水吧!"麦麦摇了摇头,用手推开水杯,似乎有些不耐烦。看到麦麦的反应老师没有继续劝麦麦喝水,而是和她商量："麦麦现在不想喝水,那我们玩一会儿玩具再喝水,好不好?"麦麦点点头。观察到麦麦的情绪很不错,老师说："我好渴呀!想喝一口水,麦麦可以陪我一起喝水吗?"这一次麦麦点了点头,老师马上拿了两杯水,麦麦自己端着杯子喝了一小口,老师看麦麦喝了一口马上说道："现在的小嘴巴一定很舒服,嘴唇也不干了,我好喜欢喝水。"麦麦看了看老师杯子里已经没有水了,于是又喝了一口。

ℹ️ 观察分析

麦麦不爱喝水的原因可能如下:

1. 分离焦虑

麦麦第一次进入托班,表现出对喝水和进食的抗拒情绪,这可能与分离焦虑有关。麦麦是比较敏感的孩子,她的自我保护意识很强,当她处于新环境中,会先观望,然后不断地一点一点试探，确保安全才会放松。

2. 嘴部与舌头协调性较弱

麦麦喝水喜欢用吸管，使用吸管时，水直接通过吸管进入口中，幼儿无须倾斜杯子，这对嘴和舌头协调性要求相对较低。而广口杯使用难度比吸管更高，这可能会让她感到困难或不适应。且麦麦第一次使用广口杯的体验不佳，那一次她不小心呛到了，此后都非常抗拒使用广口杯。她需要一定的时间来适应和接受这种变化。

3. 家庭教养方式不统一

麦麦奶奶和爸爸、妈妈的教养行为总是不统一，这也是麦麦一直无法从使用吸管杯过渡到广口杯的原因之一。家庭中教养方式不统一，会导致孩子对自己的认知产生怀疑，不知道应该遵循哪一种行为准则，让幼儿情绪不稳定和焦虑。

💡 支持策略

1. 日常渗透，寓教于乐

（1）创设有趣的游戏环境，让麦麦给小动物喂水

创设游戏环境，让幼儿熟悉、接纳"喝水""吃饭"的习惯。如，创设一个小动物的"家园"，幼儿可以用玩具搭建一个小房子或者在地上摆放一些树枝和叶子模拟树林，麦麦很喜欢给各种各样的动物喂食物、布置漂亮的房子，于是教师使用录音按钮，当麦麦听到小动物说"我好渴呀！可以喂我喝一些水吗"，她都会很积极地为它们准备水，有时还会在小碗里放一些树叶、小球等。在喂水的过程中，教师也注意与她进行语言的沟通，及时肯定与鼓励。也可以开展一起在种植园里种花的游戏，麦麦每天去户外的种植园照顾小花、浇水，同时，在此过程中注意提醒麦麦自己也要多喝水，这样才

有力气照顾小花。一段时间之后，麦麦就养成了户外活动之前先喝水的习惯。

（2）榜样示范，模仿同伴自主喝水的行为

2—3岁幼儿爱模仿，教师可以通过同伴榜样示范的形式鼓励麦麦积极地喝水。班里有很多小朋友喝水时很主动，在游戏时，麦麦的好朋友推着小车，上面放着小茶杯和小茶壶，小茶杯里装着各种水果茶，小贝壳凑上前去："我要喝，我要喝！"此时麦麦也凑上前去看，教师立刻引导："哇，好喝的水果茶，一定很好喝，我也喝一杯。"麦麦马上说道："我也要！"其他小朋友也附和："我也要喝！我也要喝！"麦麦看到其他小朋友都很爱喝水，慢慢地一点一点走到水杯旁，在同伴的邀请下，拿起水杯主动接了一杯水，并全部喝光。

2. 家园携手，共助成长

（1）为幼儿添置喜欢的水杯

兴趣会让幼儿的主动性提高，可以鼓励家长帮助麦麦自主接受新事物或活动。首先要给麦麦营造一个愉快、温暖的氛围，让她感受到舒适和安全，如带麦麦购买她喜欢的杯子或餐具。幼儿自己挑选的水杯，这会吸引幼儿的注意力，让他们愿意使用这个水杯，水杯的握感好，这样幼儿在使用时会感到更加自在，使用起来可能更顺手，在喝水时感到愉悦。

让幼儿参与到选择水杯的过程中，还可以建立起幼儿与水杯之间的情感连接，让幼儿对水杯产生归属感和亲近感，从而更愿意使用它；而且还让幼儿感到自己的选择受到尊重和重视。

（2）开展有趣的亲子游戏

建议家长在家里与孩子一起进行与水有关的小游戏，如变魔术游戏：倒半杯水放在桌子上，然后捂住双眼，让孩子把水"变"剩一半或者"变"没，过程中要鼓励孩子；自制水果茶：往水里加一点蜂蜜、几滴柠檬汁或果汁，既好喝又能补充维生素。

（3）增加亲子阅读时间

可以建议麦麦家长增加每晚的亲子阅读时间，阅读与喝水相关的绘本，通过绘本故事让麦麦知道水是身体很重要的组成部分，人需要喝水，才会保持健康。

上海市黄浦区荷花池幼儿园　王玉莹

不会喝水——帮助幼儿学会使用广口杯

📋 情境描述

    运动后回到教室喝水时，梦梦突然发出剧烈的咳嗽声。老师连忙走过去轻拍梦梦的后背安抚她。梦梦平复后，老师鼓励梦梦再次端起水杯。只见她摇摇晃晃地把小杯子送到嘴边，嘴巴用力吸气，发出"嘶""嘶"的声音，但这样不但喝不到水，还容易呛水，"咳咳咳"，梦梦总是容易在喝水的时候被呛、咳嗽，在老师的帮助下花近十分钟才能喝完广口杯中约 60 毫升的水。

ⓘ 观察分析

    幼儿园内一般都为托班幼儿准备不锈钢的广口杯供喝水使用。这需要幼儿手眼协调地把盛有一定水量的杯子端起来送到嘴边，并控制适当的倾斜度。

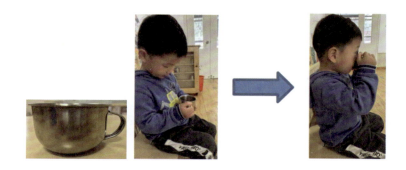

通过家访了解到梦梦在一周岁内因哭闹出现憋气、嘴唇发紫、几近昏厥的情况，医生解释婴儿在哭的时候不会换气（不会哭）会造成此现象。妈妈反映孩子不太会吞咽，所以在家喝水用的都是吸管杯。

一般 1—2 岁婴幼儿吞咽和呼吸功能相对协调，手部协调能力和口腔肌肉控制能力逐渐增强，慢慢接近成年人的口腔运动模式。该月龄的幼儿适合逐渐学习使用广口杯喝水，使用广口杯喝水能提高幼儿眼、手、嘴的协调能力，促进幼儿口唇能力的发展。但每个幼儿的发育程度不同，可能有的幼儿要从吸管杯开始学习喝水。

💡 支持策略

1. 循序渐进，小步递进式提高

接纳和理解幼儿，允许他们以自己的节奏学习和成长。初期，为了减轻幼儿对在园使用的不锈钢广口杯的排斥心理，可以请家长每天将消毒后的橡胶广口杯带来幼儿园。由于橡胶广口杯材质和口感类似奶嘴，所以幼儿一般愿意使用橡胶广口杯。

中期，可以从幼儿喜欢的饮品入手，教幼儿两手扶稳水杯，微微抬头，倾斜杯子让液体顺利流入口中后，慢慢吞咽。如幼儿喜欢牛奶，老师们就采用喝牛奶过渡，最后再把幼儿喜欢的饮品换成白水，实现小步递进式进步。

2. 多元渗透，提升能力

可以利用游戏、环境、同伴互动、阅读等方式来提升能力。如，"吸小球"这一简单而富有挑战性的游戏，可以锻炼幼儿的口腔肌肉，提升嘴唇发力吸的能力。

还可以创设"我爱喝水"墙面，在生活中渗透用广口杯喝水的意识。

教师主动和幼儿"干杯",幼儿和教师、同伴互动,能激发使用广口杯喝水的兴趣。

把幼儿喝水的照片做成一本属于幼儿的《我会喝水》的小图书,让幼儿看见自己的成长,建立"我会喝水"的信心。

3. 家园共育,合力支持成长

还可以和家长经常互通信息,互相发送幼儿在家和在园用广口杯饮水、喝汤的照片,这既是对幼儿的肯定,也是互相交流,达成共识。

上海市浦东新区浦南幼儿园　肖逸陶

戒掉纸尿裤——培养幼儿自主如厕的生活习惯

📋 情境描述

　　小满的父母都是博士，一直以来主张随遇而安的教育理念。在前期家访时，多次向老师表达了准备戒纸尿裤的计划，可没想到开学了，小满又穿着纸尿裤来园了。而小满的奶奶非常支持戒掉纸尿裤，她认为孩子已经 32 个月了，不适合继续穿纸尿裤了，所以常找各种机会和教师沟通。

　　但小满的生理、心理都没有做好戒掉纸尿裤的准备。这导致小满每天不敢多喝水，去厕所时就说"我没有尿尿"，尿湿了也很紧张。

ⓘ 观察分析

1. 个人发展情况

　　在开学初期，小满由于在入园适应期还不能很好地应对挑战与变化，因此出现了紧张、焦虑等消极情绪与退缩行为。在家中，幼儿拥有专属的坐便器，而幼儿园里大多是半开放式坐便器，缺乏私密性，坐便器的外观、高度等和家里的均有不同，对某些幼儿来说，会因缺乏安全感而拒绝在幼儿园使用坐便器。此时过于着急地帮她戒掉纸尿裤，可能会让其产生恐惧与不安。

2. 家庭教育影响

　　每个家长对自己的孩子期望值不同，小满的奶奶对于孩子有比较高的期待，常与他人比较，当得知同月龄的孩子都已经戒掉纸尿裤后就更加着急了。虽然希望孩子养成良好生活习惯的出发点值得肯定，但也需要考虑到孩子的个体需求与发展节奏。

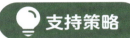
支持策略

1. 尊重并顺应幼儿发展规律

在入园适应期，教师不断安抚小满奶奶尊重孩子的个体差异性，耐心等待。同时也提醒家长家庭中教养方式应统一，避免让孩子产生焦虑、混乱的心理状态。

同时，教师也与家长进行沟通，一方面了解孩子在家中的如厕情况，另一方面征询家长对于戒掉纸尿裤的态度，小满爸爸也认为可以试一试。

2. 打造童趣的如厕环境

在幼儿园，教师可以根据幼儿的喜好，创设趣味环境，让"上厕所更有趣"：如把便池水龙头变成可爱的"方向盘"，幼儿用手转一转就能顺利冲水；在马桶盖上贴不同的卡通动物贴纸，每次如厕就像在"开盲盒"；增设高度适宜、音量合适的拍拍灯与按铃，让如厕过程更有"仪式感"；在厕所中播放欢快的歌曲等。

3. 家园携手培养良好的如厕习惯

教师也鼓励家长在家庭教育中通过亲子共读、游戏体验、儿歌浸润、智能提醒等形式帮助孩子培养良好的如厕习惯。

亲子共读：建议小满父母挑一些和如厕有关的绘本故事，让小满逐渐明白只有小宝宝才用尿布，长大了就不需要了。

儿歌浸润：和小满一起创编一些简单的如厕儿歌，在说一说、唱一唱中，内化自主如厕的经验。

　　游戏体验：如借助小河马如厕的玩具，激发小满如厕的兴趣，愿意和小河马一样用小马桶上厕所，同时也能熟悉如厕的步骤。

上海市徐汇区乌鲁木齐南路幼儿园　韩梦羽

上海市杨浦区早期教育指导中心　蒋慧

不愿排便——缓解幼儿排便焦虑

情境描述

　　宏宏，2岁半，是班中月龄相对较小的幼儿。以往宏宏一来园，总是兴致勃勃地来到他最爱的小汽车地毯上开汽车。而这一天，宏宏似乎没什么精神，连他最喜欢的汽车游戏也没去玩，只是跟着老师不停地要抱抱。看着他有些"萎靡不振"的状态，老师有些担心，但他体温正常，也没有生病的迹象。中午，以往能吃小半碗饭的宏宏，这次只吃了两口就怎么也不肯再吃了。出于担心，老师给宏宏家人打电话得知宏宏已经两天没有大便了，宏宏家人十分犯愁，表示最近在家叫宏宏去大便时，他都表现得非常抗拒，大哭大闹。

观察分析

1. 生理原因

　　和外婆沟通后，老师了解到，宏宏在添加辅食后就容易出现排便不规律的情况，一般都要2—3天才会有一次大便，在半年前，开始以饭菜为主食后，每次排便时，宏宏总是哇哇大哭，脸涨得通红，但依然拉不出来，只能用开塞露帮助排便。宏宏存在便秘的症状，其成因可能是添加辅食的情况不太好。宏宏对很多东西都不愿尝试，会把喂进去的东西吐出来，久而久之造成了严重的挑食、偏食的情况，尤其缺乏肉类、蔬菜的摄入。

2. 心理原因

　　有一次使用开塞露时，因家人操作不当，造成了宏宏的肛周受损，宏宏自此对于排便就更加惧怕了。每当外婆想给他"把便"宏宏就又哭又叫，十分抗拒，胃口自然也差了不少。恶性循环加重了他的排便焦虑。

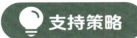
支持策略

1. 建立幼儿心理上的"过渡区"

首先教师积极肯定了祖辈们的出发点，但同时也给出了建议，基于宏宏的个体情况，我们更应该关注幼儿当下的如厕情绪，从心理上缓解幼儿对于排便的恐惧和抗拒，如果一味强迫孩子进行如厕训练，反而会适得其反。

建议宏宏的家人，可以通过"观察"，代替原先的"固定把便"。等孩子有排便的意愿了之后，如出现相关的表情、肢体动作等信号，再帮助其排便。等孩子排便后，及时给予幼儿积极的肯定，如"今天拉了臭臭，好棒呀"，帮助幼儿，从心理上建立积极的、愉快的排便体验。

日常亲子阅读或游戏时，可以结合一些与如厕有关的小游戏，帮助幼儿把身体的感觉，如肚子胀胀的，和排便行为建立联系，也可以亲子共读相关绘本，缓解宏宏的抗拒心理。还可以让宏宏自己挑选喜欢的专属马桶的款式、颜色，挑选自己喜爱的小贴纸装扮自己的马桶，如贴上最喜欢的小汽车贴纸，帮助幼儿建立良好的情感体验。

2. 调整幼儿的饮食结构，助其排便

宏宏家中的饮食种类不够丰富，尤其对于蔬菜类摄入明显不足。教师和宏宏爸爸分享了一个好方法："就吃一口试一试。"很多幼儿对从未吃过的食物会表示出抗拒、不愿尝试，而我们需要做的就是帮助幼儿勇敢迈出"第一步"，幼儿不喜欢的但有营养的菜多出现在家中的餐桌上，幼儿熟悉后可能就不那么排斥了。同时，发挥集体生活的优势，通过"同伴学习"鼓励宏宏积极尝试。而在家中，也可以尝试"夸夸"的方式，多肯定幼儿的尝试，让其有良好、积极的情感体验，从而更加乐意尝试不同的菜。注意在日常饮食中多一些"高纤维食物"，如芦笋、芹菜、玉米等，纤维能促进肠胃的蠕动，帮助排便。

3. 家园"同步"，创设宽松的排便环境

由于在幼儿园中宏宏也会出现憋便、抗拒排便的情况，所以教师也为宏宏特别准备了他最喜欢的"小汽车"马桶，创设他熟悉的排便环境，缓解其对排便的焦虑，从而保持家园的一致性。

4. 缓解家长的焦虑情绪，科学应对

由于宏宏排便不规律、抗拒排便，宏宏的家人们对此都很担心，从而成人的焦虑情绪也会影响着幼儿对排便的态度。为其提供轻松、安全的排便环境，缓解其排便的焦虑情绪，排便时，减少周围的"陪伴"人数等。请宏宏家人进一步了解幼儿在适应新环境中出现的常见生理焦虑表现，从而更科学、正确地面对幼儿排便焦虑这一情况。

5. 增加运动量，促进肠胃蠕动，助力排便

一次运动游戏中，教师给孩子们准备了爬爬垫，鼓励幼儿一起来参与"小乌龟背果果"的游戏，可一向好动爱玩的宏宏又缠着教师要抱抱。于是教师特意鼓励宏宏学小乌龟爬，没想到正是爬这一动作，加快了肠胃的蠕动，同时又让肛周的括约肌得到了放松，这

让宏宏在爬来爬去的过程中，不知不觉有了便意，在幼儿园里完成了第一次排便。

在老师向外婆分享了宏宏排便的整个过程后，外婆似乎受到了启发，她表示在家也让宏宏多爬一爬，多运动，从而促进其肠胃的蠕动，进一步帮助其排便。

上海市虹口区实验幼儿园　张祯怡

上海市杨浦区早期教育指导中心　蒋慧

大便总是拉在身上——培养幼儿良好如厕习惯

📋 情境描述

孩子们在玩耍时，突然飘来了一股异味。老师走近开心，确定了味道的源头，轻声询问："开心，你是不是拉臭臭了？"开心却立刻摇头否认。注意到开心的眼神中透露出一丝不安，于是教师决定进一步检查，原来开心把大便拉在裤子上了。在换裤子的过程中，开心并没有表现出任何抗拒

的情绪，但他依然强调自己"没有拉臭臭"。开心为什么会出现这样的行为呢？

ⓘ 观察分析

为了解更多的情况，教师与开心的妈妈进行了沟通。妈妈告诉老师："最近开心在拉

大便方面确实遇到了困难。以往开心拉大便在身上会主动说，家里人也会帮清洗换裤子，同时也开始有意识地引导他主动坐小马桶拉大便。他能够自主说要小便，但每当要大便时，却总是不说。爸爸也尝试过批评和引导，告诉开心应该把大便拉在马桶里，但似乎并没有起到什么效果。"

首先，开心虽然年龄偏小，但各方面能力发展都较强，这使得他在面对一些困难时可能会更加敏感和固执。他选择隐瞒想拉大便的事实，可能是因为担心受到批评或嘲笑，或者是出于对自己能力的不自信。

其次，对于年龄较小的孩子来说，控制大便的能力相对较弱，可能需要更多的时间和耐心来培养。开心可能还没有形成稳定的大便习惯，或者对于坐马桶的方式感到不适应。

此外，开心在面对家长的引导和批评时表现出抗拒和回避的态度。这可能是因为家长的教育方式过于严厉或过于强调结果，而没有给予开心足够的理解和支持。孩子需要的是一个宽松、鼓励的环境，而不是严厉的批评和指责。

同时，开心近期在排便问题上所展现出的行为，也与其进入第一反抗期密切相关。在第一反抗期，孩子开始表现出强烈的自我意识和对成人规则的挑战，这种反抗行为在开心身上表现为他选择否认自己拉大便的事实。

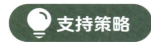 **支持策略**

1. 提供情感支持

（1）妥善处理已发生的情况

教师应尽量避免过度强调这一现状，以免给孩子带来过大的心理压力。相反，应当以轻松、自然的口吻来引导他，用"避重就轻"的方式鼓励他尝试去马桶排便。同时，迅速而温和地帮助他更换衣物，保持舒适和清洁，让他在整个过程中感受到关爱和支持。

（2）为开心提供情感支持与理解

在园、在家都给予开心充分的安慰和正面的鼓励，让他感受到安全和被接纳。最重要的是，给予开心足够的时间与空间，让他按照自己的节奏逐渐适应并克服这一挑战。

（3）绘本激趣

选择与如厕相关、内容生动有趣的绘本，通过讲故事的形式向开心介绍正确的如厕方式。在阅读过程中，与开心进行互动，引导他理解并模仿绘本中的正确行为。

2. 创设温馨的如厕环境

可以在厕所里创设半封闭的私密区域，贴卡通贴纸，并选择颜色鲜艳、有卡通形象的可爱马桶，这能降低幼儿对马桶的陌生感和抵触。也可在小马桶边上放置一个小筐，让心爱的娃娃或者玩具在一旁陪伴他如厕，在贴心、温馨的环境中，引导幼儿接受"在幼儿园里上厕所"这件事。

有的儿童专用小马桶对某些托班幼儿而言，还是太高了。教师、保育员可以"抱一抱"，帮助幼儿坐上小马桶；或者提供可爱的卡通小矮凳"垫一垫"，引导幼儿踩上去坐马桶。

还可以将冲水声与悦耳的音乐相结合。有的孩子害怕冲厕所的响声，可以设置成按下冲水键，即可播放好听的儿歌；或在墙面上安装一个拍拍盒，拍一拍就能听到喜欢的音乐，让幼儿不再害怕冲水。

3. 家园共育，帮助幼儿养成良好的如厕习惯

（1）深入了解开心的如厕情况与需求

仔细观察开心在园内的表现，记录他的如厕情况，确认大便的时间、次数、是否受活动影响、如厕情绪等。同时，与开心妈妈及时交流，了解开心在家中的如厕情况，以便更全面地评估他的整体状况。

（2）与开心妈妈共同制定引导计划

引导开心妈妈理解这是孩子成长过程中的一个常见现象，而非刻意为之的行为。让开

心妈妈以平和的心态对待这一状况，避免过度反应。老师与开心妈妈共同商讨，制定针对开心的引导计划。家园定期交流开心的进步和遇到的困难，制定观察记录表，记录开心的如厕问题、行为状况。家园共同制定一个固定的如厕时间表，提醒开心在规定的时间如厕。根据开心的适应情况逐步调整如厕时间，以确保他能够逐渐适应并养成有规律的如厕习惯。

（3）探索多元化的引导策略

如，游戏互动，设计一些与如厕相关的互动游戏，如角色扮演、拼图游戏等，让开心在游戏中学习并掌握正确的如厕方式。与开心一起设定一些小目标，如连续几天在规定时间内主动坐马桶大便等，并为他准备相应的奖励。当开心达到目标时，及时给予奖励，如小玩具、贴纸等，以鼓励他继续保持良好的如厕习惯、自主如厕的意识和积极性。

上海市浦东新区浦南幼儿园　卫春峰

上海市杨浦区早期教育指导中心　蒋慧

洗手马虎——培养幼儿正确洗手的生活习惯

📋 情境描述

依依是一个安静但有主见的女孩，25个月大，在托班幼儿中月龄偏小。父母工作较忙，平时主要由奶奶照料。依依在幼儿园中有时会逃避洗手，上完厕所就急匆匆跑出去，老师提醒她之后，她就"嘿嘿"笑一笑，仍然不太愿意洗手。有一天，教师向依依的奶奶反映了这个情况，并询问依依在家里会不会出现这样的情况。依依奶奶一脸苦恼地说："在家里也不愿洗手，经常说'不要洗手'，我反复提醒后才愿意洗手，有时候洗手也是敷衍了事，在那里玩水，所以都是我帮着洗。"

ⓘ 观察分析

《托育机构保育指导大纲（试行）》中指出，应该引导25—36个月的幼儿正确洗手、擦手。由此可见，培养洗手的习惯的重要性。2—3岁幼儿自我意识开始萌芽，有想要自己做主的意识。所以当成人要求依依洗手时，依依会有反抗行为，她说的"不要洗手"可能是在表达"我要自己来"。奶奶的反复提醒，让依依没有自主感，从不会洗手慢慢发展为不愿洗手。

依依奶奶是一个非常爱干净的人，在家里奶奶会频繁要求依依洗手，而且担心依依自己洗不干净，总是包办，依依也因此失去了自主洗手的意愿。

💡 支持策略

1. "看见"有能力的幼儿

积极与依依奶奶沟通，转变祖辈的观念，一旦依依在园出现主动认真洗手的行为时，及时拍照或者录视频记录下来，让奶奶看见依依是有能力的。看到教师分享的视频，依依奶奶表示不可思议，原来依依可以这么独立自主，开始相信依依有能力独立洗手。

2. 融入情境，发现洗手的有趣与有用

（1）童趣墙贴，激发洗手兴趣。教师在洗手台前的镜子上、水池里贴了有趣的墙贴。有一天，依依看到后，兴奋地和老师分享："老师，这是小猪的洗手池。"从此她常常开心地来到洗手池前洗手。

（2）提供互动洗手物，巩固洗手习惯。教师在水龙头上装了有趣的延伸器，提供了可以按出小花的洗手液，幼儿们纷纷被吸引了，愿意主动探索洗手物品。

（3）鼓励、肯定洗手行为。教师在擦手的地方，放置了玩偶，并提供了录音按钮，按钮里发出声音："小手洗得真干净，没有细菌不生病！"洗完手后，依依耐心地用毛巾擦干手，按下按钮听"鼓励"，开心地笑道："太好玩啦！"

3. 情境延伸，在家中强化洗手行为

（1）将洗手场景"搬回家"。建议依依家里的洗漱台前也放置一些有趣的物品，如贴纸、玩偶。让依依家里也延续了幼儿园中情境式的洗手场景，激发幼儿主动洗手的兴趣。

（2）家长巧示范。建议家长在家时可以和依依一起洗手，给幼儿自我尝试的空间，家长也可观察幼儿洗得是否干净。一边洗手一边念儿歌：洗洗洗小手，洗得很干净，大泡泡小泡泡，小泡泡大泡泡，洗得很干净。自然地引导幼儿在愉快轻松的氛围中认真洗手。

（3）多元渠道，了解洗手的必要性。建议家长通过游戏、共读绘本等多种渠道，让幼儿明白洗手的必要性。如，阅读绘本《根本不脏嘛》《我能好好洗手》《肥皂侠洗手大作战》等，唤醒幼儿主动洗手的意识。树立一些正面的榜样，慢慢让幼儿形成要把手洗干净的意识。

浙江省杭州市滨江区晓风印月幼儿园　史丽丽

不愿洗手——激发幼儿自主洗手的意愿

📋 情境描述

　　小宝是一名 2—3 岁的幼儿，她父母工作较忙，外婆承担了主要养育人的责任。有一天小宝妈妈送小宝入园，小宝看都不看门口的洗手池，直接就想走入教室，妈妈提醒："洗手，小宝，你还没有洗手。"说完拉着小宝去洗手，她噘着嘴，满脸不乐意，草草冲了冲手就关上了水龙头。第二天是外婆送小宝来园，她一溜烟跑进了教室，依旧没洗手。

　　点心时间到了，小朋友们都去洗手准备吃点心了，小宝直接坐在餐桌前。老师问道："小宝你是不是没洗手呀？我们要先把小手洗干净才能吃点心哦！"小宝摇了摇头："可是我的手很干净呀。"

ⓘ 观察分析

　　作为两岁半的孩子，小宝正处在感官发展敏感期，可能她的触觉比较敏感，洗手也许让她感觉不舒服，导致她较为排斥洗手这件事。而且她不明白洗手的意义，在她心目中有比洗手更重要的事，如进教室、吃点心等。

　　与小宝妈妈的沟通让老师发现，原来小宝在家中也不愿意洗手，小宝妈妈有洁癖，难以忍受小宝不爱洗手的习惯。于是妈妈经常催促她勤洗手多洗手，采用的方式也多以命令式的语言为主，这些"强势"的方法引发了小宝的抵触情绪，使得她越发厌恶洗手这件事，只有在妈妈的强制提醒下才会不情不愿地去洗手。而妈妈看到小宝会在强制提醒后去洗手，觉得"不爱洗手"这个问题已经解决了。

 **支持策略**

1. 家园同步创设环境，激发洗手兴趣

根据小宝的喜好，家中也选择了他喜欢的水龙头延伸器，小宝目不转睛地看着恐龙嘴巴里流出的水流，试探性地伸手感受水流。小宝有了很大的进步后，教师及时和小宝妈妈明确下一步努力的方向是让小宝知道什么时候需要洗手，了解洗手的意义。

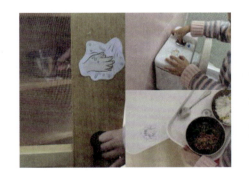

2. 粘贴洗手标记，明确洗手时间

因为小宝不清楚到底什么时候要洗手，于是教师决定通过生活环境提醒小宝到底什么时候需要洗手。教师在小马桶、茶水桶、餐桌上粘贴了洗手标志，提醒小宝洗手的时间。经过一段时间潜移默化的影响，小宝逐渐明晰了洗手时间，能够主动在合适的时间去洗手。

3. 提供相关绘本，了解洗手意义

小宝平时就是一个很喜欢看绘本的小朋友，为此，教师精心挑选了一些与洗手相关的趣味绘本，如《我要洗手》《如果不洗手》等，建议小宝妈妈在平时的亲子时间带着小宝一起看一看、读一读，帮助她认识到其实我们的手上有很多看不见的细菌和病毒，如果不洗手，细菌和病毒就会被我们吃到肚子里，影响身体健康。

4. 对话主养育人，辅助提升认知

家园沟通中，教师认可了小宝妈妈"洗手很重要"的观念，并且告诉她，导致宝宝不爱洗手的原因有很多，我们应该探寻形成"不爱洗手"习惯的原因，找到合适的突破口，强制要求宝宝去洗手只会激发她的叛逆心理，起到反作用。小宝妈妈也表示这个难题困扰了她很久，她会积极配合老师，希望能够家园共育帮助小宝改掉不爱洗手的坏习惯。

建议小宝妈妈在家和小宝一起做两个科学小实验，展现"细菌"这个抽象概念，让小宝感知到细菌的存在。在面包实验中，小宝不洗手直接拿面包，在一段时间后，面包发生了改变，小宝直观地看到菌落的形成，感受到细菌的危害；在洗手实验中，使用可水洗的印章模拟细菌，小宝发现"细菌"可以被水流冲走，从而了解洗手的重要意义。

上海市闵行区莘庄幼儿园　沈潮华

认为玩泥巴太脏——帮助幼儿克服"洁癖"

情境描述

　　户外游戏开始了，盈盈换好装备走到了玩泥区。她拿起抹泥工具想试一试抹泥巴，没想到抹泥巴的时候泥巴沾到了手上。她立马举起手，哭着说："我要洗手，我要洗手。"教师上前安抚她说："没关系的，玩好了再洗手吧。"她哭得更厉害了，坚持要去洗手，教师便带着她去洗手了。洗完手，她脱下了玩泥装备，并对教师说："我不要玩泥。"……接下来的几天，教师发现盈盈都不怎么进入玩泥区域了。

　　教师在日常观察中发现，她特别爱干净，只要手上或身上沾了一点点水或者其他"脏东西"，她就会立刻表达要洗手、换衣服的愿望，有时也会因此发脾气。

观察分析

1. 生理原因

　　3岁的盈盈是一位比较爱干净的幼儿，看到手上沾到黑乎乎的泥巴会感觉很脏，产生强烈的不舒适感与排斥感，因此要马上、多次洗手。

2. 心理原因

　　由于生活在城市中，对泥巴的接触比较少，不太了解，较为缺乏接触大自然的体验，同时，2—3岁的托班幼儿正处于"第一反抗期"，对不熟悉的事物可能会出现心理上的抗拒。他们开始尝试区分自己与客体，不断地在行动中体验自我的存在，通过频繁说"不"

来显示自己的独立性。这正是这个阶段幼儿自我意识发展的特点。

3. 家庭教养方式

教师了解到盈盈的家人也很爱干净。盈盈妈妈对"脏"几乎零容忍，孩子有一点点弄脏都会马上带她去清洗、更换衣物。这在一定程度上导致了盈盈也非常爱干净，对看起来"脏"的游戏不想玩、不敢玩。

 **支持策略**

1. 观察幼儿的情绪与行为，顺应心理需求

幼儿对于泥巴的适应程度不同，应关注幼儿的情绪变化，顺应幼儿暂时不想玩泥巴的情绪，如在花园中增加投放了食物玩具和幼儿们制作的泥巴蛋糕、泥巴饼干等游戏材料，支持幼儿喜欢玩烧烤游戏的需求。在盈盈自主选择游戏，同时也能够适当接触泥巴时，给她玩泥巴的安全感。

2. 多形式丰富玩泥巴经验，感受玩泥趣味

幼儿对于泥巴的接触经验较少，不太熟悉，结合托班幼儿处于直觉行动思维阶段，爱听故事，教师可以选择幼儿们喜欢的绘本故事，如《小泥人》，通过共读帮助幼儿渐渐熟悉泥巴，逐步感受玩泥巴的趣味。

3. 积极回应幼儿需求，支持多感官探索

敏锐捕捉、观察幼儿的情绪、语言等行为表现，以及与材料互动的状态。同时，在幼儿出现游戏意愿时，及时以玩伴身份介入，师幼共同参与游戏的过程，提供合适的工具、材料支持幼儿运用多感官探索，通过肢体接触、语言引导积极回应幼儿需求，提升幼儿在游戏中的积极情绪。

4. 转变家庭教养方式，家园协同育儿

有些家庭出于对整洁卫生的担忧，认为小孩子不需要玩"脏泥巴"，玩泥巴会将衣物弄脏，收纳整理材料也比较麻烦。长此以往，幼儿就会缺失与自然互动的机会。为了达成家园共识，教师与家长沟通交流玩泥巴对托班幼儿发展的意义，并让家长了解游戏中所用的泥巴是安全、无污染的，让家长放心，支持幼儿在园的玩泥巴游戏。同时，鼓励家长带幼儿到户外亲近大自然，近距离接触泥巴，如去农田里收割、采摘等，从自身出发逐渐改变孩子不愿意接触泥巴的态度。

上海市徐汇区乌鲁木齐南路幼儿园　万俊

洗头哭闹——缓解幼儿洗头抗拒心理

情境描述

　　两岁的依依平时很活泼，可每次提到洗头她就会变成家里的"小麻烦"。她不仅会表现出极度的抵触情绪，拒绝让家人碰她的头发，甚至还会哭闹不止。为了解决这个问题，家人尝试了各种方法。他们购买了一款专门用于宝宝洗头的挡水帽子，希望能减少水直接冲到脸上的不适感。然而，她洗头时仍然会紧闭眼睛，紧皱眉头，紧握小拳头，仿佛要和水"战斗"。偶尔有水不小心溅到她的脸上，她就会抗拒地推开家人，接着嚎啕大哭，拒绝洗头。最后家人只能无奈地用湿毛巾把她头上的泡沫擦掉，草草收场。依依家人感到非常困惑和无助……

观察分析

1. 感官敏感性高，幼儿容易处于不安的状态

　　幼儿们通过听（听觉）、闻（嗅觉）、摸（触觉）、看（视觉）等各种感官，来了解和感知周围环境。有些幼儿的感官比较敏感，如对触摸特别敏感。头皮本身较为娇嫩，如果幼儿的触觉敏感，淋浴喷头喷出的水形成的轻微冲击感都会让幼儿觉得非常不适或者不习惯。如果在洗头时还有一些抓挠头皮的动作，伴随水和泡沫从脸上流下，这会令幼儿十分不适，从而表现出特别抗拒的行为。

　　洗头时，幼儿可能处于仰卧位，感官敏感性高的幼儿会觉得头部和身体之间的平衡被

打破了，从而感受到不稳定和不安全，这也会加剧他们的害怕、不安情绪。

2. 不愉快经历诱发的自我保护防御性条件反射

当外界刺激让幼儿感受到威胁或不适时，他们会表现出逃避、闪躲或保护自己的行为。因此，如果以往洗头时有过不愉快的经历，如呛水、洗发水入眼、耳朵进水、爸爸妈妈突然走开等，就会给幼儿留下"洗头是一件糟糕的事情"的印象，"洗头"的刺激再次发生时，会使幼儿对于洗头形成防御性条件反射，产生抗拒或逃离行为。

3. 不适宜的洗浴环境

如果家长为孩子准备的洗头环境不够舒适，包括水温过高或过低、室温不合适、浴室空气不流通让人觉得憋闷等，可能也会引起幼儿的抗拒。

💡 支持策略

1. 准备舒适环境，增添洗头趣味

（1）准备趣味洗头工具：如使用有趣的洗发水瓶子、小动物造型的花洒、洗澡时可用的玩具（吹泡泡玩具、漂浮玩具、舀水玩具等），增加洗头的趣味性。还可以准备一些柔软的毛巾或橡胶垫来支撑幼儿的头部，确保他们在洗头过程中不会感到不适。

（2）控制浴室室温：一般来说，给婴幼儿洗头时室内温度控制在 25—26 度之间是比较合适的。可以使用温度计来监测室内温度。

（3）控制水温：婴幼儿洗头水温一般需要控制在 30—35 度之间。可以使用温度计来监测水温，确保温度适宜。如果没有温度计，可以用手部来感知水温。

2. 耐心引导，降低婴幼儿抗拒心理

成人在为宝宝洗头时要注意逐步引导，耐心等待，不要急于让宝宝立即接受洗头的过程。可以先让他们逐渐适应水声和水的触感，然后逐渐开始洗头。在洗头时还可以通过游戏、故事、玩具来分散幼儿的注意力。

3. 亲子共同阅读，增加对洗头的了解

可以选择一本

关于洗头的书籍进行亲子阅读，让幼儿更加熟悉洗头这件事。在共读过程中，家长可以引导幼儿关注书中的细节，一边读一边聊，解释为什么需要洗头、洗发水是如何清洁头发和头皮的、不洗头会怎样等。如，《这样洗头最开心》《藏在头发里的虱小妹》《星期二洗发日》，让幼儿感受到洗头这件小事的背后蕴藏了家人的爱，还可以让家长重新审视孩子的情绪和需求。

上海市虹口区实验幼儿园　　杨苏霏

不愿刷牙——培养幼儿自己刷牙的生活习惯

📋 情境描述

阿聪是 25 个月大的男孩，他的父母工作很忙，奶奶是主要养育人。

有一天来园时，老师看到阿聪像是刚哭过的样子，就蹲下身子问道："阿聪是哭过了吗？"阿聪还没回答，奶奶就说："是的呀，早上一点也不乖。最近都不肯刷牙，一看到我们拿牙刷、牙膏就哭。再不刷牙，牙齿都要蛀掉了！"阿聪听了奶奶的话，情绪明显又产生了波动，老师赶紧简单安抚一下阿聪，并带着他进入活动室游戏。和奶奶交流后，老师逐渐了解到阿聪抗拒刷牙这一行为，是最近才开始的，"导火索"是家人为他更换了新牙刷和开始使用牙膏。

ⓘ 观察分析

2 岁的阿聪情绪易波动，喜欢自己做决定，并开始具有抗拒意识。从奶奶的视角来看，希望培养孩子良好习惯的出发点值得肯定，但也需要考虑到孩子的个体需求。阿聪已经表现出了对刷牙明显的抗拒，此时先要做的是"读懂"幼儿，找出"小问题"背后的原因。

阿聪从 6 个月长出第一颗牙齿时，就开始刷牙了。他抗拒刷牙这一行为，却主要发生在家人为他更换新牙刷并使用牙膏之后。原因可能是以前用的软胶牙刷和新的儿童牙刷有不同的触感，再加上牙膏有明显的味道，造成了不适应。

小月龄的幼儿受限于表达能力，无法准确传递自己的想法，只能通过哭闹的方式表达，在家人帮助孩子刷牙的时候，如果不慎弄疼了孩子，或者强行刷牙造成了不愉快的体验，这也会导致孩子抗拒刷牙。而奶奶一直试图告诉阿聪刷牙的重要性，一直在强调的"蛀牙"，其实对孩子而言是难以理解的，"说教"并不能让孩子从内心接纳这件事。

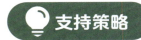 **支持策略**

1. 家园共育，有效沟通

与家长分享育儿经，宜"共情"，不宜"说教"。可以尝试通过分享育儿故事，并以此达成"共情"，开启"对话"。教师主动向阿聪奶奶分享相似的育儿故事：不强求孩子，耐心等待孩子。听了教师的分享后，阿聪奶奶开始相信教师不是一个"讲道理的外人"。她也有了一个新想法：回家也让孩子自己选购牙刷试试。

2. 园内支持策略

（1）赋权幼儿，投放幼儿"喜爱的"游戏材料

在和奶奶的交流中，教师得知阿聪自己选购了一支漂亮的粉色牙刷。于是，在娃娃家的盥洗区也投放了一支"阿聪同款"牙刷。在材料选择上家园协力赋权幼儿、尊重选择。

（2）游戏情境激发孩子主动操作

同时，在班级中开展相应的活动，如，在游戏环境中渗透刷牙的行为，让幼儿给墙面上的小朋友进行刷牙的操作。

3. 家庭支持策略

（1）园内活动迁移至家庭——"把游戏搬回家"

建议奶奶尝试在家里模仿开展幼儿园中孩子玩的游戏。准备一些有嘴巴的"刷牙玩偶"和小牙刷，让阿聪在家也可以玩刷牙的游戏。通过游戏给孩子提供机会，不断操作、反复练习，还能起到释放情绪、压力的作用。

（2）亲子共读与刷牙相关的绘本

在交流中教师了解到阿聪最爱和爸爸、妈妈一起亲子阅读，因此建议阿聪的父母陪伴他阅读有趣的绘本，把难懂的"大道理"变得更易理解，从而让孩子了解刷牙的重要性，引发他主动接纳刷牙。

（3）父母以身作则深度参与示范

孩子从抗拒刷牙，到接纳牙刷，再到能给玩偶刷牙，阿聪在养育人的陪伴下，对刷牙的抗拒逐渐减弱。有时阿聪家人带着阿聪一起刷牙，根据这一年龄段的孩子喜欢模仿、喜欢游戏的特点，还试着让孩子给爸爸妈妈刷牙，作为从游戏向真实"刷牙"的自然过渡。

上海市普陀区早期教育指导中心　邱毅君

不愿擦面霜——培养幼儿自觉擦面霜的习惯

情境描述

一天，团团来幼儿园，脸上的泪水还没干，教师询问外婆发生了什么事情。外婆也气呼呼地说："老师，你看他的脸，都过敏成什么样子了，医生说要多擦保湿霜。早上给他涂，他就是不愿意。再不涂，皮肤又要裂了。"团团是过敏体质，对于奶、蛋等高蛋白的食物会过敏，由于经常会感觉到皮肤痒，所以就会有抓挠皮肤甚至把皮肤抓破的情况，但团团十分不喜欢涂面霜。而这也不是团团第一次因为不想涂面霜而哭泣了，类似的情况本学期已发生了好几次。

观察分析

团团在班里月龄是偏大的，脾气比较倔强，能理解老师、外婆的话，不过凡事喜欢自己的事情自己决定。对于擦面霜这件事情，他有自己的想法。

外婆的出发点没有问题，但可能较为忽略关注当下幼儿的情绪，以成人的视角去看待问题，没有想到要去了解孩子不愿意涂面霜背后的原因。在询问团团后，他告诉老师，因为擦了面霜感觉脸上黏糊糊的很不舒服；外婆为了赶紧涂完面霜，有时候难免手会重一点并碰到他面部干裂的地方。总之，团团不喜欢擦面霜是因为擦的过程很不舒服，所以他宁可皮肤裂了也不擦面霜。

💡 支持策略

1. 尊重幼儿的意愿，正面引导

有一次班里的一位幼儿带来了他用完的面霜瓶，瓶身是小鸭子，非常可爱，师幼一起讨论了这个漂亮可爱的面霜瓶。教师意识到可以根据孩子的喜好来培养擦面霜的好习惯。于是结合班级大多数幼儿正在玩的瓶罐游戏，将各种各样的面霜瓶罐归拢到一起，让幼儿寻找自己喜欢的面霜瓶罐。在日常生活环境中，教师将幼儿们的面霜放在娃娃家中的书桌上，让幼儿们在游戏中给自己擦面霜，或给好朋友擦面霜。

2. 家园共育，共同助力好习惯的培养

给家人涂面霜。团团在娃娃家中非常喜欢当爸爸，利用这个契机，让外婆在家里给团团提供小玩偶，让团团当"爸爸"，给玩偶宝宝涂面霜。也可以让团团给家里人涂面霜，家长及时肯定以及表扬团团涂面霜这一行为，并鼓励团团明天继续给家人们涂。通过涂面霜这个游戏，给团团提供了反复练习"涂"的机会，也让团团不再抗拒涂面霜这件事。

请团团参与选择面霜。建议团团外婆让团团自己选择一款既适合他又不会让他感觉黏腻的面霜，让他对面霜有新的体验。

亲子共读绘本。团团妈妈每天都会陪团团亲子阅读，因此老师建议团团妈妈可以选择与保护皮肤相关的绘本，在阅读中渗透好习惯的培养。

鼓励团团收集喜欢的面霜瓶罐。团团看到其他小朋友带来的可爱面霜瓶罐，表示也想赶紧用完自己的小鸭面霜，拿来幼儿园给小伙伴看看。在这样的期盼中，团团也不抗拒每天涂面霜了，开始喜欢上涂面霜，行为从被动转为主动。

浙江省杭州市滨江区滨文苑幼儿园　姜燕子、富倩

不会用纸巾——培养幼儿使用纸巾的自我服务能力

📋 情境描述

托班中的孩子，有的哭泣时，抬起手就用手背或是衣袖随便擦眼泪；有的吃完饭，嘴角还有饭粒就去玩玩具了；有的意识到自己有鼻涕、有眼泪，但却站在原地不动，嘴里喊着"老师，帮我擦"，依赖成人的帮助；有的在老师的提醒下想去找纸巾，但却不知道该去哪里找纸巾，甚至有时放在旁边却"看不见"；还有的孩子把擦完的纸巾随手就往地上一扔……

ℹ 观察分析

这些现象的背后，成因可能如下：

1. 经验尚不足，自理机会不多

2—3岁的幼儿并不理解纸巾的用处，不知道纸巾的正确使用方法。有的孩子对环境、场景不熟悉，不知道纸巾在哪里。而在家庭中，成人包办代替较多，养成了依赖成人的习惯。

2. 自理意识和习惯还未形成

从幼儿心理发展特点来看，2—3岁的幼儿自我意识逐渐萌发并日益增强，要求"自己来"的愿望与日俱增，也具有做事的身体条件。这一阶段恰恰是培养幼儿自我服务能力的关键期。通过生活自理，幼儿往往能获得自信，建立积极的自我概念。

💡 支持策略

1. 共同活动，分享使用纸巾的方法

教师可以通过组织活动，如和纸巾有关的小游戏"有用的纸巾""我会擤鼻涕"等，和幼儿分享纸巾的用处和使用的方法。

2. 日常环境渗透，培养使用纸巾的习惯

（1）生活环境显性有序

在班级的厕所、餐厅、进门处等多个位置放置纸巾，让纸巾无处不在，并在边上配备醒目标识，提示幼儿纸巾的位置，便于幼儿及时发现，养成使用纸巾的好习惯。

提供各种各样的纸巾，有大小不同的、抽拉方式不同的、材质不同的，让使用纸巾变得好玩又有趣，从而进一步激发幼儿自主拿取纸巾、使用纸巾的兴趣。

在纸巾旁做好醒目的归位标识，让幼儿们一看就知道把纸巾放回哪里，同时培养幼儿物归原处的良好收纳习惯。也可以在每处纸巾旁配备了一个小垃圾桶，便于幼儿即用即扔；针对幼儿不知道嘴巴有没有擦干净的情况，还在餐厅的纸巾旁配备了小镜子，鼓励幼儿餐后对着镜子擦擦小嘴巴，并及时表扬"你的小嘴擦得真干净"。

（2）阅读环境、游戏环境渗透

在教室提供一系列和使用纸巾、自理能力相关的绘本。通过榜样感召、移情体验，萌发幼儿使用纸巾的兴趣，了解纸巾的用处和使用的方法。此外，在区域活动中创设了一系

列和纸相关的游戏，如"滴一滴""撕一撕""贴一贴"，幼儿在捏、揉、搓、撕、贴等游戏过程中发展精细动作，感知不同纸张的材质，为生活自理提供基础。

3. 家园携手共育，合力助推每一个幼儿

2—3岁的幼儿正处于自我意识敏感期和情感分化关键期，所以孩子们会对自己挑选买来的物品特别有情感上的依赖。可以鼓励每个家庭带着孩子去选购自己喜欢的纸巾。家长也可以和孩子一起玩游戏，如用纸巾折手工（帽子、小船、飞机、老鼠等）、抛接纸巾等游戏，增强孩子对纸巾的熟悉程度；还可以通过擦桌子、擦椅子的生活劳动，增强幼儿的动手能力。

上海市虹口区实验幼儿园　黄蓓蓓

不爱穿鞋袜——帮助幼儿愿意穿鞋袜

📋 情境描述

　　在室内活动时，只见君君的鞋子和袜子散落在一旁，他正光着脚丫在地毯上玩小汽车。老师走到君君旁边对他说："君君，你怎么把鞋子、袜子脱掉了？快穿起来，别着凉了。"老师刚把袜子捡起来，他就跑开了，光着脚丫去了涂鸦室游戏。老师拿着袜子和鞋子走到了君君旁边："我们一起把袜子鞋子穿起来吧。"在老师的陪伴下，君君慢慢地穿好了袜子和鞋子。过了一会儿，老师发现君君把鞋子脱了，正在玩娃娃家的游戏。

　　吃午餐时，老师发现他又把鞋子脱了，只穿着袜子。"君君，我们把鞋子穿起来好吗？"老师问。君君回答说："我不要。我喜欢就这样光着脚。"

ⓘ 观察分析

2—3 岁幼儿不喜欢穿鞋袜的情况比较常见，成因可能如下：

1. 穿鞋会让幼儿有不舒服的感觉

幼儿从刚出生到练习走路的这一段时间里，通常情况下都不穿鞋，这样也让幼儿习惯了脚上没有束缚的感觉。一旦开始走路了，家长要求孩子穿鞋，这个时候鞋子的束缚感就会让孩子觉得不适，因此可能会拒绝穿鞋。另一方面，有的幼儿怕热，觉得穿上鞋袜后脚太热了，所以会频繁脱掉。

2. 幼儿触感形成的关键阶段

幼儿在成长发育的过程中，对外界的感知能力逐渐增强，开始想要去自己感受外面的世界，如用手触摸，或用脚感受。学会走路后，幼儿开始用自己的脚来感触自己脚下的环境，体验走在瓷砖上、木地板上有什么感觉，为了保持用脚探索，很多幼儿就会尽力避免穿鞋。

3. 没有养成穿鞋的习惯

家长们为了方便，在家中没有给孩子穿鞋的习惯，这会在孩子的认知中留下走路不需要穿鞋的概念，也让孩子养成了不穿鞋走路的习惯，等到要出门、去幼儿园或者天气冷了必须穿鞋的时候，很多孩子就会不愿意穿鞋。

 支持策略

1. 日常渗透，寓教于乐

（1）顺应个体差异，创设温馨、柔软、安全的环境

顺应、尊重幼儿的个体差异，适当满足幼儿的需求。老师可以在游戏室地板不是特别冷的前提条件下，在活动区中多创设一些柔软的地毯，允许孩子适度光脚，以满足幼儿的需求。还可以通过一些"光脚游戏"满足幼儿的探索需要，同时通过讲故事、谈话让托班幼儿知道如何保护脚丫不受伤，知道在幼儿园要穿好袜子和鞋子。

（2）开展共同活动，让幼儿喜欢小袜子和小鞋子

可以围绕"袜子""鞋子"开展游戏活动，从认识鞋子出发，知道有各种各样的鞋子，激发幼儿对"鞋子"的兴趣。2—3岁幼儿正处于泛灵期，他们会认为所有的事物都是有生

命的。老师可以利用这一点来引导幼儿穿鞋。例如，老师可以对幼儿说鞋子很喜欢他，是他的好朋友，想要陪伴他一起玩。慢慢地，幼儿就会开始接纳鞋子，渐渐地不再排斥穿鞋子。

2. 家园携手，共助成长

让幼儿主动挑选喜欢的鞋子。买鞋子的时候，可以让孩子自己来决定要买哪一双鞋子，鞋子是孩子喜欢的，穿鞋的时候就不会那么排斥了。家长在给孩子挑选鞋子的时候，注意选择轻便、舒适的，这样幼儿不会因鞋子太重或者不舒服而拒绝穿鞋。

家长们可以亲身示范，让幼儿模仿。父母可以在带幼儿出门的时候自己先穿上鞋子，然后对幼儿说大家出门都是要穿鞋子的，不然就没办法保护自己的脚。这样一来，幼儿对穿鞋的抵触情绪就降低。

上海市黄浦区荷花池幼儿园　唐玉婧

不会穿鞋——培养幼儿自己穿鞋的生活能力

📋 情境描述

午休后，起床时间到了，幼儿们都找到了自己的鞋子。有的幼儿很顺利地自己穿好了鞋子，有的幼儿在老师的稍许帮助下穿好了鞋子，只有扬扬还坐在床上，一动不动，静静地看着老师。看到老师还没有过来给扬扬穿鞋子，扬扬忍不住哭了起来。

排队去餐厅吃点心时，又传来了扬扬的哭声。原来是有一名幼儿不小心踩掉了扬扬的鞋子，可是扬扬不会自己穿鞋，眼看着同伴们都走了，扬扬尝试着想把脚伸到鞋子里，可是试了几次都没能把鞋子穿好，扬扬拿着鞋子无助地哭了起来。

ⓘ 观察分析

可以发现，当需要自己穿鞋的时候，扬扬习惯性地想要求助他人。在与扬扬奶奶的沟通中，教师了解到平时父母很少陪伴扬扬，基本由奶奶带养。奶奶则出于对扬扬的疼爱，在吃饭、穿衣、穿鞋等生活"小事"上有求必应，让扬扬养成了依赖的习惯。成人包办代替的教养方式使得扬扬较为缺乏自信心、依赖心较重。因此，老师决定与扬扬的奶奶和父母沟通，一方面，通过协商、对话、交流，引导扬扬的家长转变包办代替的教养方式，适度"放手"；另一方面，提供机会，鼓励扬扬尝试自己穿鞋子、穿衣服，让扬扬在不断试错、反复练习中建立起对自己的信心，从而提高生活自理能力，适应托班集体生活。

💡 支持策略

1. 家园沟通，引导家长了解幼儿生活自理的意义

扬扬不会穿鞋、生活自理能力弱和家人过于保护的教养方式有关，因此，老师与奶奶初步进行沟通，希望能对扬扬统一要求，适度放手。向扬扬奶奶解释，鼓励扬扬"会穿鞋"并不仅仅是为了"会穿鞋"，而是有着多重的意义：掌握生活自理能力对幼儿精细动作的发展、自信心的提升、自主意识的发展、适应环境的推动作用等方面都有价值。

2. 游戏支持，促进幼儿小肌肉动作发展

教师鼓励扬扬家长在家尝试通过游戏或者参与家务劳动逐步渗透自理能力的培养，为扬扬提供促进小肌肉动作发展的机会。如能锻炼手部精细动作的游戏"创意鞋带"：在纸板上画一个小娃娃，用剪刀或打洞机在纸板上钻出许多圆孔，鼓励扬扬将鞋带穿过圆孔来装饰娃娃。奶奶高兴地说，有一次，扬扬给爸爸新洗的运动鞋穿好了鞋带。

同时，也鼓励扬扬在家动手做其他事情，如，尝试自己吃饭、脱上衣和裤子、拧开瓶盖等，奶奶还请扬扬逐步参与家务劳动，如帮奶奶拣菜、晾衣服、扫地、洗水果等。

3. 分解动作，逐步掌握穿鞋的方法

将"穿鞋"这一动作分解为"开（打开魔术贴）、拉（拉拉小舌头）、伸（伸进小脚）、踩（用力踩下）、粘（粘上魔术贴）"五个动作，先由成人帮扬扬穿好鞋子，让扬扬初步尝试最后一个"粘"的动作。下一次穿鞋时，不用成人提示，他已经把魔术贴粘好了。慢慢地，让扬扬逐步多完成几个步骤，最后到自己独立完成穿鞋子的五个动作。虽然扬扬还分不清鞋子的左右，但对于这个月龄段的孩子来说，分不清左右很正常，可以通过在鞋子上标记号的方式来帮助他分辨左右。慢慢地，扬扬的生活自理能力越来越强了。

上海市黄浦区早期教育指导中心   聂文龙

不会叠衣服——培养幼儿自主叠衣服的生活习惯

情境描述

　　莘莘是一个 30 个月月龄的孩子，性格比较内向。每天午睡时，莘莘会默默地等待老师帮别的孩子脱完衣服后再帮她脱衣服，从来不会主动向老师求助。有一次，老师第一个帮她脱好衣服，然后再去帮助其他孩子，转头发现莘莘正在尝试自己叠衣服。于是，老师马上鼓励她："莘莘，你在叠衣服吗？你真棒！"虽然莘莘并不知道怎样叠衣服，但她却愿意尝试去叠，怎样促进这一"闪光点"继续发光呢，该怎样更好地促进莘莘自主叠衣服呢？

观察分析

　　莘莘的主要带养人是奶奶，由于家长的帮助，她在家几乎没有叠衣服的机会。然而事实上，幼儿动手能力较强且有尝试叠衣服的意愿。不过由于比较腼腆，她在幼儿园里遇事不会主动向老师求助，不知道怎么锻炼自己的动手能力。而叠衣服这一项生活技能需要教师多引导和多交流，因此教师也需要合适的方式与她进行沟通。这不仅需要教师通过在园时间的努力，还需要家庭的配合与帮助。

🔆 支持策略

1. 运用成长手袋展示幼儿的成长

对祖辈家长，教师们会更注重线下的互动沟通，交流频次约为每周一次。成长手袋里面包含一本家园互动册、一本幼儿成长记录册、幼儿替换衣物和会面邀约单。家园互动册的内容包括教师设置的本周发展目标、幼儿本周活动参与情况及家长填写的幼儿家中情况。

如，老师可以把莘莘的近况写进家园互动册中，家长就能直观地看到孩子在幼儿园的活动状态。此外，老师设置互动留言，家长也能反馈孩子在家情况。老师还可以根据反馈来调整在园的教育策略。幼儿成长记录册含有幼儿的作品、幼儿活动的照片，家长可以在记录册上记录心情和评语。通过这两本册子，带养人知道了幼儿园一日生活有什么内容，幼儿也有了主动表达的意愿。奶奶每次在莘莘"炫耀"后还会及时表扬她，因此莘莘在家叠衣服的积极性更高了。

2. 邀请家长线下会面沟通

每个月轮到莘莘家线下会面时，莘莘奶奶和爸爸都会主动要求来园。教师会分享莘莘在幼儿园的进步，家长也会交流在家中遇到的教育困惑。对于促进莘莘自主叠衣服的问题，教师分阶段给予不同建议，从一开始注重引发兴趣，逐渐过渡到创造适合她的表现机会，给予精准的表扬等。

3. 制定个性化支持方案及实施

对莘莘的个性化支持方案包括倾听了解、分析判断、问题驱动、观察支持、鼓励表达五个步骤。如，在家中，奶奶尊重并让莘莘参与家务劳动，虽然莘莘叠不好，但奶奶能够认真听她的语言表达，并一步一步鼓励她慢慢来。

在幼儿园里教师也用同样的方案逐步推进。如，午睡时，莘莘叠好衣服后，教师积极地鼓励她："你的小手真灵巧，愿意和我们分享你是怎么叠衣服的吗？"莘莘用语言和肢体动作分享自己叠衣服的方法，其他幼儿们很认真地听她的分享，教师和同伴的积极反馈不仅提高了莘莘的劳动能力，也促进了她的表达表现能力和探究意识发展。

上海市闵行区莘庄幼儿园　吴忆佳